重大事態化をどう防ぐ？

事例とチェックリストでつかむ

学校の いじめ対応の 重要ポイント

嶋﨑政男・中村 豊 著

第一法規

はじめに

「いじめのない学校」を目指して
～ナレッジマネジメント（他校・過去の事例に学ぶ）の確立～

　2022年に実施された国際学習到達度調査（PISA）では、日本の子供たちの高い学力水準が証明されました。ベネッセ教育総合研究所と朝日新聞社が共同で実施している「学校教育に対する保護者の意識調査」によると、小中学生のいる保護者の学校への満足度（「とても満足している」と「まあ満足している」の合計）は年々上昇し、2018年の調査では「8割半ば」にまで達しています。学校の取組の成果が表れていると言えると思います。

　一方、不登校、いじめ、家庭内暴力、児童虐待等の発生件数の急増が続き、生徒指導上の課題は予断を許さない状況にあります。その中で、本書で取り上げるいじめ問題に関しては、文部科学省が先導し、教育委員会・学校をはじめ関係機関や地域等の協力もあり、その成果は上がりつつあります。認知件数は上昇していますが、いじめの解消率やいじめが主因とみられる自死事案件数の推移をみると、関係者、特に、学校・教育委員会の真摯な努力を評価することができます。

　しかし、問題は残されています。第一に、「脱いじめ」への意識の高揚が不十分であることです。いじめはあってはならないのです。いじめは「いじめを受けた児童等の教育を受ける権利を著しく侵害し、その心身の健全な成長及び人格の形成に重大な影響を与えるのみならず、その生命又は身体に重大な危険を生じさせるおそれがある」（いじめ防止対策推進法第1条）からです。児童等の尊厳を保持するため、片時も気を緩めることは許されません。「いじめの未然防止・早期発見・適正対処」は学校・教職員に課せられた法律上の義務でもあります。

　第二に、多くの学校・教職員が「脱いじめ」に向けて必死で取り組んでいるにもかかわらず、これを怠り、結果的に「学校バッシング」の標的となってしまう、ごくごく一部の教育委員会・学校・教職員の存在です。「いじめの認知をしなかった」「担任一人が抱え込んだ」「重大事態の報告を懈怠（けたい）した」等の初歩的な過ちは絶対にあってはなりません。

　第三に、いじめ問題への対応をめぐり、共に手を携えて解決を目指さなければならない保護者と教職員の間に、大きな亀裂を生じさせる事案があることです。ある県の教職員対象の調査では、「いじめ問題への対応で最も悩むこと」の回答のトップは「保護者対応」でした（小学校7割・中学校及び特別支援学校6割・高等学校5割）。「子供の最善の利益を保障」するために、豊かな連携・協働が求められているにもかかわらず、各地で「大人の最悪の利害の相克」が見受けられます。

このような問題の解決・改善を図るには、教職員の力量向上が欠かせません。本書はこのような背景から生まれました。

　危機管理の研修会では、「ナレッジマネジメント（他校・過去の事例に学ぶ）」の話に手応えを感じています。受講してくださった多くの方が、「明日から実践したい」「たった2分で実効的な校内研修ができる」等の好意的な感想を寄せてくださいます。「今朝のニュースで〇〇が報じられていました。本校でこのようなことが起こらないよう〇〇に気をつけましょう」。この程度の発言ならば確かに「2分」です。これで全教職員の共通理解を図ることができます。実践目標も明確です。

　ナレッジマネジメントの本来の意味は、「一個人がもつ有効な能力・情報を他のメンバーが共有することで組織能力の向上を図ること」ですが、学校危機管理の観点からは、組織全体の危機管理能力向上のために、全教職員が「他校で（過去に）起こったことは自校でも起こりうる」との自覚をもって再発防止に努める活動を指します。リスクマネジメント（未然防止）・クライシスマネジメント（危機対応）に続く危機管理の3段階目で、これが未然防止につながることから、循環型危機管理としての位置付けになります。

　本書のねらいは、学校や教育委員会の「ナレッジマネジメントの強化」です。他校（過去）の失敗例・成功例から、「ここで失敗したのか」「この点をもっと〇〇すればよかったのに」「こんな手もあったんだ」などと、グループ討議を重ねる中で、一人ひとりの力量の向上だけでなく、組織全体のレベルアップにつながることが期待されます。

　本書は2部構成となっています。第1部では、公表された「いじめ重大事態調査報告書」を基に、個人情報・著作権保護の視点を踏まえるとともに「問題・課題」をより明確にする目的から一部改変した事例を掲載しています。前段（最初の2ページ）で、事例を検討していただき、後段（後半の2ページ）で、対応の在り方等について共通理解を深めていただけますと幸甚です。

　第2部では、「未然防止」「早期発見」「対応・対処」「重大事態の調査」「連携・協働」の局面ごとに4つのチェックリスト（一部を除き、各10問）を用意しました。①各自がチェックリストに解答、②グループ討議、③解答の提示、④全体協議（「意見が分かれた」「解答に納得がいかない」等の意見交換）、⑤ナレッジマネジメントの視点からの共通理解、という流れで校内研修等に活用してください。

2024年1月　　嶋﨑　政男

中村　豊

本書のご利用にあたって

■本書の構成について

本書は、2部構成となっています。

第1部　事例で学ぶ「重大事態化の過程」

　掲載事例は、公表された「いじめ重大事態調査報告書」を基に、一部改変を加えて事例化したものです。

　各事例は、基本的に「1．本事案の概要」「2．学校（・教育委員会）の対応についての検討」で構成し、対応の重要ポイントを「ワンポイントアドバイス」として提示しています。また、第2部のチェックリストの中で関連するものを「関連チェックリスト」として示しています。

第2部　チェックリストで学ぶ「いじめ対応」

　「未然防止」「早期発見」「対応・対処」「重大事態の調査」「連携・協働」の局面ごとに、対応の在り方や関連法規の理解に関する「チェックリスト」「解答と解説」「ナレッジマネジメント」で構成しています。

■略語について

本書では、以下のとおり「略語」を用いています。

○法：いじめ防止対策推進法（平成25年法律第71号）

○基本方針：いじめの防止等のための基本的な方針（平成25年10月11日文部科学大臣決定（最終改定　平成29年3月14日））

○ガイドライン：いじめの重大事態の調査に関するガイドライン（平成29年3月文部科学省）

○指針：不登校重大事態に係る調査の指針（平成28年3月文部科学省初等中等教育局）

○学校基本方針：学校いじめ防止基本方針（いじめ防止対策推進法第13条）

○校内委員会：学校におけるいじめの防止等の対策のための組織（いじめ防止対策推進法第22条）

○県教委：県教育委員会

○市教委：市教育委員会

○SC：スクールカウンセラー

○SSW：スクールソーシャルワーカー

目　次

はじめに　　「いじめのない学校」を目指して
　　　　　　　～ナレッジマネジメント（他校・過去の事例に学ぶ）の確立～
本書のご利用にあたって

第1部 事例で学ぶ『重大事態化の過程』

第2部 チェックリストで学ぶ『いじめ対応』

おわりに

第1部

事例で学ぶ

「重大事態化の過程」

1　小学校の事例

事例01

日常的ないじめが積み重なり、一気に重大化
【不登校】

1．本事案の概要

　Aさん（小学校3年生、男子）は、父親の転勤に伴って転入しました。今回で父親の転勤に伴う4度目の転居となります。

　Aさんの所属した学級は、2年間持ち上がりであり、担任はベテラン教師でした。学級の中には他の児童との関わりが薄かったり難しかったりする児童がおり、全体的に見て学級のまとまりは決してよくない状態でした。学級内のトラブルも多発しており、学級崩壊には至っていないものの統率するのが難しい学級でした。

　当時の学級の様子は、明らかに侮蔑したあだ名をつける、「菌回し」をするなどのいじめが見られました。「菌回し」の対象となることは、自身の所属する学級内で「汚物のように扱われることを意味する。これを受けた人物は、人格そのものを否定されて自己肯定感が低下し、著しい精神的苦痛を受けることになるため、菌回しはいじめに該当する」と本事案の調査では考えられています。Aさんは転入した年の2学期頃には「菌回し」の対象にされていました。

　2学期の終わり頃の席替えでAさんの隣席になったBさんは、Aさんに対し、嫌なことを言ったり、机を離すように強要したりすることがありました。AさんはBさんの行為を学級担任に相談し、学級担任がBさんに注意しましたが、複数回にわたり同様の行為を繰り返すため、席替えをすることでAさんとBさんの席を離す対応をとりました。

　また、離任式においてAさんとCさんの間で大きなトラブルが発生しました。Aさんは転入以降、Cさんと一緒に過ごす時間が多く、学級担任の観察においてもAさんの一番仲の良い友人はCさんであると認識されていました。その2人が、離任式の際、けんか状態になってしまいます。その原因は不明ですが、トラブルの際には近くに教職員がおらず、離任式後に学級担任が事情を聴き取ったところ、AさんとCさんは離任式中に肘打ちをやり合う状態であったことが分かりました。

　このトラブルは解決することなく春休みに入ってしまいます。そのことは、Aさんに強いショックを与えることになりました。

　Aさんは離任式の日の帰宅後、こんなに泣くのは初めてと思われるほど大泣きしながら離任式での出来事を母親に伝え、数日間にわたって元気がなく落ち込んでいる様子で、寝付けないこともありました。また、離任式での出来事により、Aさんは学級担任に、Cさんとの関係を見直し「友達をやめる」と言っています。

　その後、AさんはCさんと表面的には親密であるものの、不安定な関係になりました。

　進級した新学期早々の登校後、Aさんは、CさんがAさんのランドセルの中を承諾なく覗いたと学級担任に訴えました。

　数日後には、石集めが趣味であるAさんが、学校内で気に入った石を持っていたところ、Cさんに渡すことになり、あげたのか、一時的に貸したに過ぎないのかで意見の相違からトラブルになることがありました。

　さらに数日後、着替えに使用していた教室において、CさんはAさんのズボンを下ろして下着を見ようとしたり、下着の柄を周囲に聞こえるように叫んだり、Aさんが運動着を入れている袋を、手では届かない金網の上に投げたりするという行為をしています。

　このように、Aさんが進級して1か月の間に立て続けにいじめの疑いのあるトラブルが起こっていることから、Aさんにとって、Cさんとの関係に変化が生じたことによる苦痛は強かったことが推察されます。

　翌月中旬には、同日の朝と昼休みの2回にわたって、Aさんの箱ティッシュを「菌回し」の一環として学級の児童らが投げ合って壊すという事件が発生します。朝にDさんがAさんの箱ティッシュをEさんに渡したことから始まり、複数の児童間で、Aさんの箱ティッシュの投げ合い、蹴り合いが繰り返されます。どこかのタイミングで、Aさんの箱ティッシュを踏みつけ、床に落ちた状態のままにしたところ、Aさんが学級に戻ってきて、Aさんの箱ティッシュが壊れて床に落ちていることに気づき、号泣します。

　なお、Aさんは、時期について確定することはできないものの、自身が「菌回し」の対象にされていたことを理解していたと考えられます。

　この翌日以降、Aさんは登校することができなくなってしまいました。

２．学校の対応についての検討

　いじめが重大事態となるまでには、タイムラグがあるように思います。その起点は、小さな見過ごされがちな「日常的ないじめ」で、あるところまで積み重なると一気に崩壊して重大な問題となります。だからこそ、早期発見・早期対応に加え、適切な対応が求められています。

（1）Aさんに関する各いじめ行為への対応

　まず、Cさんとのトラブルへの対応について、そのきっかけとなった離任式での出来事について検討します。本件が発生した際、学級担任は直接その場面を目撃しておらず、式後に泣いているAさんから話を聞いて知りました。その後、AさんとCさんは本件を解決しないまま春休みを迎えますが、新学期、学級担任は2人の関係を和解により解決したと捉えました。このことは、組織的対応をしていないことから不適切であり、複数の教職員の目で2人の関係性を見守ることや、アセスメントすることが必要であったと考えられます。

　続く、ランドセルの中を覗いた件については、学級担任の目前で起きており、学級担任が陰湿さや深刻さを感じることはなかったようです。しかし、上記同様の対応をとることは可能であったと考えられます。

　さらに、石にまつわるトラブルの指導に続き、Aさんのズボンを下ろしてパンツを覗き運動着袋を金網の上に投げた件については、Cさんへの指導後に、一連のトラブルについて管理職への報告が行われました。その後、行われた事実確認のための聴き取りには、学級担任だけではなく、生徒指導部長、教務主任も関与して、慎重に行われました。この聴き取りによって明らかになった事実を基に、Cさんの保護者と面談し、確認された事実を伝えて、今後のCさんに対する支援指導の方向性が確認されます。

　他方、Aさんの保護者からは書面による回答要請があったために、学校は、Aさんの保護者に対して書面を交付するとともに、謝罪の場を持つ提案をしましたが、実現しませんでした。

（2）「菌回し」・箱ティッシュの損壊に対する対応について

　学校がAさんに対する「菌回し」を知ったのは、進級後の5月にAさんの箱ティッシュが壊されるという事件が発覚したことによります。この直後より、全校の教職員に、「根の深いいじめがあることについて共通理解を形成した」のですが、同日は勤務時間の関係

で集団的な聴き取りを行ったのみで、関与した児童への個別の聴き取りを完了することができませんでした。

このため、Ａさんの保護者への報告・連絡は、加害行為に関係した児童らへの個別の聴き取り後とする方針になりました。しかし、本方針によって、Ａさんの保護者は、Ａさんの話と、聴き取りが先行された加害児童の保護者からの連絡によって本件を知ることになりました。その結果、Ａさんの保護者は学校に不信感を抱くことになります。

Ａさんの保護者としては、本件を学校が隠蔽やもみ消ししているのではないかという不信感が助長され、Ａさんの保護者と学校との溝が更に深まる事態となりました。本件は、看過できないいじめであるがゆえに、Ａさんの保護者との共通認識及び信頼関係を形成し、いじめ解消に向けた協働が必要な状況でした。

また、保護者との軋轢（あつれき）は可能な限り避けることが必要であることから、いじめを認知した際には、家庭訪問などにより、その日のうちに迅速に保護者に事実関係を伝えることが鉄則となります。

その他、学校が行った調査について、当時の聴き取り内容は信用性の高いものであり適切であったと評価されています。しかし、会議録や議事録、聴き取りの逐語録が作成されていなかったこと等について、「記録の蓄積及び継続的利用を可能にする取組が必要である」ことが指摘されています。

不登校になったＡさんへの対応について、学習面への配慮については学校が丁寧に対応しました。学級復帰については、Ａさんの保護者からＴ２（担任を助力するための他の教員）を常時置くことが希望されましたが、実現しませんでした。いじめのない学級経営については、継続的な全校体制での指導の結果、学級の問題行動が激減し、落ち着いた学級に変化しました。しかし、Ａさんは、翌年の年度末に他校へ転出しました。

ワンポイントアドバイス

　　いじめに関する家庭連絡は、概要に誤りがある可能性を留保しつつも、その日のうちに関係する家庭に連絡することが必須となります。特に金曜日は、週明けまでに保護者との関係が一気に悪化することもあるので要注意です。

☑ **関連チェックリスト**　　**3−1**　早期対応　➡　120ページ
　　　　　　　　　　　　　5−2　保護者との連携・協働　➡　155ページ

小学校のときのいじめが中学校進学後に
フラッシュバック【不登校】

1．本事案の概要

　Aさん（中学校1年生、男子）は、小学校5年時以降の2年間に受けた同級生からのいじめ及び学級担任からの不適切な指導等により、小学校卒業後に進学した私立中学校においても不登校となりました。

（1）Aさんの小学校における学校生活

　Aさんは、入学当初は登校を渋ることがあり、慣れないことや新しい場面になじめない傾向がありました。2年時では、学習面は着実に向上してきており、生活面では友達とトラブルになることが少なくなります。

　3年時では、初めの頃はなかなか学級になじめませんでしたが、徐々に友達と一緒に遊んだりできるようになってきました。また、Aさんはどんなに具合が悪くても登校するようになり、相談室にも行くようになります。

　4年時は、学習面では発言力があり、どの教科でも意欲的に発表していました。また、友達とのトラブルも少なくなり、友達が困っているとすぐに気づいて声をかけてあげるなど優しい面が多々見られました。

　3学期後半、Aさんは身体に様々な症状が出て、市内の病院を受診した結果、2週間あまり入院することになりました。リハビリ中は同じ学級の児童と会いたがって泣くことがあり、児童のみんなは手紙等を届けたりしました。

　5年時の進級に伴い、学級担任が変更となり、同担任は、Aさんの5年時及び6年時を受け持ちます。Aさんは、4年生のときに発症した症状について、服薬等、学校生活での配慮を求めます。また、高学年時では欠席することが多くなりました。

（2）Aさんの希死念慮とその背景、いじめ被害の申告

　6年時の冬、Aさんは主治医に初めて学校での悩み及び希死念慮を打ち明けました。そこで、心身医療科を紹介され、以下のことが語られます。

　Aさんが死にたい気持ちの理由は、5年時の担任から「Aさんの症状はうそなんじゃな

いか」と言われたことがつらいこと。退院後、同担任に「入院した理由はうそだ」と何回も言われたのでうなずいてしまったこと。また、5年生になるくらいの頃からいじめられたこと。その態様は、Ａさんが物を取りに行こうとすると、わざとらしく遠ざけられる嫌がらせや、暴言等であること。

　このように、「いじめ」や高学年時の担任とのやりとりが希死念慮に至る理由であると話していました。

　6年時3学期中頃、Ａさんは、両親とともに学校を訪問し、校長、教頭、担任と面会したときに、これまでいじめがあったこと、学校のことを考えると死にたい気持ちになることを伝えます。その後、Ａさんは両親とともに市教委の担当者3名と面会し、いじめや担任の対応について協議した際、「僕が死なないと何も変わらないんだね」と気持ちを述べました。その後、精神的に不安定な状態となりますが、新型コロナウイルス感染防止のため休校となり、そのまま小学校を卒業しました。

（3）いじめの事実と小学校卒業後の状況

　認定されたいじめ行為は、「ばか」「きもい」との言葉や、逃げる、避けるという仲間外れの行為です。そのことについて、Ａさんは、いじめアンケートに次のように記述していました。

　「特定の部活の人たちに逃げられる」「友達によけられたりする」「冷たい目で見られている」「人間関係で悩んでいる」

　また、6年時3学期初めの午前中、担任がＡさんの登校を促すために家庭訪問をしたとき、友達関係についていろいろ悩んでいると言って、Ａさんは母親の前で泣いたことがありました。同日の午後に登校したとき、Ａさんは校長や担任の前で「体は大丈夫、学級のことで悩んでいる」と話しています。

　家庭訪問に関しては、他にも数度行われており、その際、無理に登校を促されることで苦痛を感じたとＡさん及び両親は認識しています。その頃、母親がＡさんの不登校の原因について、交友関係の悪化と担任の言動に対する不信感があることを学校に伝えています。

　小学校卒業後も、Ａさんは、希死念慮や自殺企図などを繰り返しており、治療を継続しています。その中で小学校での出来事について「地獄だった」と語っており、進学した中学校に行くと、小学校のことを思い出し、死にたくなると訴えています。

　進学した私立中学校でも1学期半ば頃からは再び不登校傾向となり、出席日数が不足し、進級が危ぶまれる状態となりました。

２．学校の対応についての検討

　重大事態調査では、Ａさんへのいじめ行為以外に、５年・６年時の担任の指導等についても対象としています。この背景にはＡさんに頭痛等の症状があったこと、頭痛に関する担任等の言動が重大事態と関連していることについて検討されています。

（１）小学校高学年時の学級担任の指導等について

　高学年時の学級担任は、Ａさんが頭痛等の症状を訴えたときに、「うそ」という言葉を使う代わりに、「マイナスチケット」という言葉を用いてＡさんの指導に当たっていました。その妥当性が学校内で議論された形跡はありません。

　Ａさんがうそや、うそと捉えられかねないことを言うことがあったとすれば、「なぜ、そのようなことを言う必要があったのか？」「そのときのＡさんの気持ちはどうであったか？」「いじめや人間関係トラブルがあると認識していたＡさんが真に訴えたいことは何であったのか？」などを理解しようとする教育相談的な姿勢が必要でしたが、学級担任はそのような姿勢に乏しいと指摘できます。

　医学的根拠のある頭痛や症状についてのＡさんの言動を「マイナスチケット」という言葉を用いて指導してきた経過がある一方、友人とのトラブルや、いじめの当事者になることが多かったＡさんの言動の真意を推測できなかったことにより、結果的に、いじめ対応を遅らせてしまうことになったと言えます。

　また、Ａさんは「マイナスチケット」という言葉で指導された当初から苦痛に感じていたのかどうかは分かりませんが、Ａさんの認識では「うそ」という言葉で指導されたと受け止めており、医学的な裏付けがある自分の病状を担任からうそだと指摘されたと感じるのは苦痛の程度としては大きいと言えます。

　担任によれば「マイナスチケット」を用いた指導がなされたのは５年時の２学期終わり頃までとされています。それから１年以上経過した後に不登校等の原因になると考えるのは困難であるという見方があるかもしれません。しかしながら、「仮に当該指導がこの時期までだったとしても、いじめや仲間はずれはその後も改善されていなかった事実はあり、当該指導やそれを容認した当該校側の対応がＡさんの思いや訴えに真摯に耳を傾けることを阻害していた」と考えられることから、重大事態の一因であると評価されます。

（２）学校のいじめ対応について

　学校がＡさんのいじめを認知した後の対応は、学校基本方針に従い、校内委員会を開催

し、情報の共有や事実関係の聴取、指導や支援の体制等の決定、保護者との連携等の協議や対応に取り組んでいます。しかし、いじめの認知が遅れた理由は、児童の日々の問題となる言動を「お互い様」である「トラブル」として評価するにとどまり、Ａさんの被害性に着目していじめと評価する視点を欠いていたことにあります。加えて、学校内や両親との間で情報共有をすることなく、いじめと評価できる事象を担任の個別指導のみに委ねていたことは、いじめ対応として問題があったと指摘できます。

　重大事態と認知後は、学校基本方針に定める対応をしました。いじめ認知が遅れたとはいえ、市教委への報告を行い、指導を受けるなど、認知後の初期対応は行われていました。しかし、Ａさんの両親が学校を訪問し、いじめ被害を訴え、同日からＡさんの不登校が開始されていることから、すでにいじめによるＡさんの心身への悪影響は継続・拡大していたことは明らかです。

　さらに、Ａさんの両親の学校に対する不信感が強まっていたことから、学校とＡさんの両親との信頼関係に基づくいじめ対応を進めていくことは期待できない状況になっていました。特に、Ａさん及び両親よりその言動やいじめ対応への不信感を伝えられていた高学年時の学級担任が、学校のいじめ調査に加わっていたことは問題です。本来、調査対象となる教師が調査をするとなれば、調査自体に不信感をもたれるのは当然と言えます。

　学校がいじめを認知後、学校基本方針に基づきある程度の対応をしていたとしても、いじめの認知が相当遅れていたため、認知後に対応可能な措置やその効果は極めて限定されるものとなっていました。そのことから、学校がいじめに関する指導やＡさんへの支援をしても、Ａさんが登校できる状態になることやＡさんの両親からの信頼を回復することがともに不能に陥っていました。

ワンポイントアドバイス

　いじめに対応した学校の受け入れ態勢や諸条件に変化がない場合、そのまま欠席が継続していたものと容易に推測されることから、２号事案（不登校）では、必ずしも欠席日数が規定日数（30日以上）に至らなくても重大事態と認定することが可能です。

☑ **関連チェックリスト**

1－1 いじめの認知　➡　92ページ

2－3 子供の「訴え」　➡　108ページ

事例03

不登校をいじめのみに起因するものではないと捉えた
対応が重大事態化の要因に【不登校】

１．本事案の概要

　Ａさん（小学校４年生、男子）が受けたいじめは次のようなものでした。

　３年生当時の１学期初め頃、学校のランチルームで、Ｂさん（同級生）がＡさんにちょっかいをかけてきたため、ＡさんはＢさんを軽くたたき返しました。すると、Ｂさんは、仕返しとしてＡさんを強くたたいてきました（事実イ）。その後、学校の昇降口辺りにおいて、ＢさんがＡさんに「放課後は何をするの。誰と遊ぶの」と尋ね、Ａさんが黙っていると、返事を強要してきました（事実ロ）。

　１学期半ば頃、Ａさんがサッカーをしていると、Ｃさん（同級生）とＤさん（同級生）がＡさんのことをばかにする発言をしました。１学期終わり頃になると、サッカーをしているときに、ＣさんらがＡさんのプレーのことを誹謗中傷するとともに、押したり、脅したりしてきました。

　夏休みには、サッカーをしているとき、ＣさんがＡさんの服を引っ張り、Ａさんを転ばせる行為がありました。また、Ｅさん（同級生）が、Ａさんの頭をたたいたり、Ａさんを追いかけて脅かしたりする行為が見られました。

　２学期半ば頃、学校の運動場やランチルームなどにおいて、Ｆさん（同級生）は、Ａさんの首をつかんだり、ポケットに手を突っ込むなどの行為を行い（事実ハ）、Ｃさんは、サッカー中にＡさんを押したり、引っ張ったり、転倒させたりした後に、謝罪することもなく笑ってその場を去ることがありました。

　その他、Ｇさん（同級生）が、Ａさんの筆箱を取ってその中身をいじって遊び、Ａさんに「返して」と言われても、じらしてすぐには返さないことがありました。また、Ａさんは、同じ学級の女子児童数名から、脅されたり悪口を言われたりしていると感じるようになりました。

　このように、Ａさんは心身が傷つく行為を一定期間受けており、それによって心身に多大な苦痛を感じていました。

　なお、学校では、定期的ないじめアンケート調査を実施しており、Ａさんは本アンケートに次のように回答していました。

① 3年時1学期アンケート

　Aさんは、〈学校で〉の「むしされたり、にらまれたり、なかまはずれにされる」「学校を休みたいと思うことがある」、〈家庭で（学校から帰ってから）〉の「兄弟姉妹のなかがわるい」「夜、寝られないことがある」、〈集団下校で〉の「同じはんの子や他のはんの子が、かまったり、いやがらせをしたりする」「注意をしても聞いてくれない（無視する）」に○をつけています。

② 3年時2学期のアンケート

　Aさんは、〈学校で〉の「友だちの仲がうまくいっていない」「からかわれたり、いやみなあだなをいわれる」「むしされたり、にらまれたり、なかまはずれにされる」「学校を休みたいと思うことがある」、〈家庭で（学校から帰ってから）〉の「家の人が自分の気持ちをわかってくれない」「家の人が口うるさく、よくおこる」「兄弟姉妹のなかがわるい」「夜、寝られないことがある」、〈集団下校で〉の「気にしていることや心配していることはない」に○をつけています。休み時間によく遊ぶ人の欄には誰も記載していません。

③ 4年時1学期のアンケート

　Aさんは、「自分のことについて」の「おかしくないのに笑われる」「変なあだ名をつけられたり、変なよび方をされる」「いじめられたり、からかわれたり、悪口を言われたりする」「いやなことを言われたり、ばかにされたりする」の質問に「ある」と回答しています。

④ 4年時3学期のアンケート

　Aさんは、「自分のことについて」の「いやなことを言われたり、ばかにされたりする」「ひどくぶつかられたり、たたかれたり、けられたりする」の質問に「ある」と回答しています。また、「自分のことについて」の「仲間はずれにされたり、むしされたりする」、「まわりの友だちのことについて」の「仲間はずれにされたり、むしされたりしている人がいる」の質問に「△」と記載しています。

　その後、Aさんは不登校となり、医療機関において適応障害と診断され、翌年には、医療機関において複雑性PTSDと診断されました。

　学校は不登校がいじめのみに起因すると捉えておらず、その後、Aさんが転校して新しい生活に入ったことから、調査をしませんでした。

２．学校の対応についての検討

　外部委員による調査において、Ａさんの保護者から、「学校がいじめを認めず、Ａが主張しているいじめはＡの特性に問題があるように学校から言われた」との訴えがありました。このことに関し、調査委員会は「本件学校の対応には問題があった」という結論に至りました。以下、調査で指摘された本件学校の対応の問題点について整理します。

（１）いじめの把握について

　学校は、Ａさんが３年時に発生し市教委に報告した３件の事実（イ〜ハ）について、いじめとして認定していました。しかし、Ａさんが不登校となる直前の女子児童からの脅し、悪口等については事実の確認をしておらず、いじめと認定していません。

　いじめに当たるか否かの判断について、基本方針では、いじめられた側の立場に寄り添うこととされていますが、学校は、Ａさんやその保護者の訴えにもかかわらず、Ａさんが不登校となった際、Ａさんが感じている苦痛は、本人の特性によるものとして対応がなされました。学校に重大事態との認識がなく、Ａさんの保護者は「いじめ」があるのにＡさんの特性によるものとされたと認識し、学校との協力関係の構築が困難となりました。

　４年時以降、学校はＡさんに寄り添った対応を行い、６年時にはいじめ事案発生当時の校長がＡさんの保護者に謝罪する場をもちましたが、３年時の対応によるＡさんの保護者の不信感を払拭するには至りませんでした。

（２）児童への対応について

　学校は、いじめへの対応として適切な聴き取りをしていませんでした。３年時の学級担任は、加害児童への聴き取りにおいて指導との混在があり、聴き取った加害行為に恣意的解釈が多分に含まれるものとなっていました。

　同様のことがＡさんへの聴き取りや、事後フォローでも見られており、Ａさんの気持ちや意思の確認が不十分でした。

　このように、Ａさん、加害児童いずれに対しても当事者の立場に立たず、学校側から見た印象によって対応していました。その最たる例は、休み時間のサッカーでのいじめ事案発生後のＡさんへの対応です。学級担任は嫌なら行かなくてもよい旨を、いじめへの対応としてＡさんに声かけをしており、それでもサッカーに参加するＡさんを見て、加害児童との関わりをＡさんが嫌がっていないと判断し、いじめを軽微なものと捉えました。

　しかしながら、事案発生当初、Ａさんは休み時間のサッカーが嫌な訳ではなく、サッカー

をやりたいと思っており、嫌だと感じているのはサッカー内でのいじめ行為でした。そのため、この学級担任の声かけは、Ａさんの意思に沿ったフォローとなっておらず、いじめへの対処となっていません。このように、Ａさんの意思をその時点で十分に聴き取っていないこと、学級担任をはじめとした周囲の大人の先入観による指導が、その後も同様の加害被害関係が続いた原因と考えられます。

　また、３年時の学級担任や校長の様子からは、加害児童に悪意がないので「いじめではない」と主張しているように受け取れます。そのような認識に基づいて加害児童へ指導しても、十分な効果を上げるとは考えにくく、実際、いじめがやむことはなく、Ａさんの不登校につながりました。

（3）いじめ重大事態の調査に至るプロセスの問題

　本事案では、いじめが重大事態化する過程において２つの問題があったと考えられます。
　まず、学校がＡさんの不登校の原因がいじめのみに起因するものではなかったと考えていた点です。次に、重大事態調査の対象であることをＡさんの保護者に伝えなかった対応です。学校及び市教委はＡさんの不登校をいじめのみに起因するとは考えていなかったため、重大事態調査の対象になるという認識をもっていませんでした。
　学校及び市教委は、疑いの段階であっても法第23条に基づいた調査を行うことが求められます。

> **ワンポイントアドバイス**
>
> 　いじめ事案では事実と解釈を切り分けることが必要です。原因・理由・意味などは解釈であり事実ではありません。教育委員会は学校を指導・監督する立場にあることから、客観的事実（発言・行為・経過・回数）に基づいた事実確認が求められます。

☑ **関連チェックリスト**　　**1－1**　いじめの認知　➡　92ページ

　　　　　　　　　　　　　5－4　設置者等との連携・協働　➡　157ページ

事例04
いじめが未解消の状態における被害者の「心理的安全」の保持及び配慮【不登校】

1．本事案の概要

Ａさん（小学校４年生、女子）は、小学校１年生のときに、同級生のＢさんから、以下のいじめを受けました。

Ａさんが１年時の１学期初め頃、図工の授業中にＢさんから「同じ絵を描かないと殴るぞ」などと言われます。また、休み時間には、Ａさんの教科書、ノート、下敷き、筆箱をＢさんに取られました。

また、時期は不明ですが、ＡさんとＢさんが腕相撲をしていた際、Ｂさんが勝ったときＡさんに蹴るまねをしてきました。さらに、ＢさんはＡさんの筆箱をたたいたこともありました。

その他、Ｂさんが校庭でＡさんに対して、「あっちに行け」と声をかけるということもありました。

Ａさんは、１学期末頃に実施された、いじめアンケートに、「ばか」「どけ」などと言われた旨の記載をしました。通常、管理職は、当該アンケートにいじめを疑う記載がある場合には、早期に適切な対応をとるように教員に対して指示をします。しかし、当時の学級担任は、管理職からの指示を踏まえたＡさんに対する特段の対応をとることをしませんでした。

２学期初め頃、Ａさんは登校渋りを見せ、数日間欠席をします。２学期中頃には連続して欠席するようになり、登校した日に「嫌な気持ちになる」ことを学級担任に話しています。そこではＢさんではなく、別の児童の名前が挙がりました。

その頃のＡさんは、頭痛を訴え、給食は食べず保健室で過ごすこともありました。そのためＡさんの保護者は、Ａさんをしばらく休ませることにします。その理由については、いろいろな状況により学校に行くのが怖くなっており、夜も泣き出す状態であり、授業に参加することが困難な状況が続くようになったため、との連絡がありました。

学校は、登校時の通学班を替え、Ａさんに係る学校生活全体にわたり複数指導体制を整えます。その後、Ａさんは部分登校を始めます。学校行事のために事前健診が実施された際、Ａさんは登校し、学級担任に対して、いじわるされそうで学校は不安である旨の話を

します。また、放課後登校では教室に入れるようになりますが、学級通信に記載されていたＢさんの名前に拒絶的な反応を示すなど不安の高い状態が続きました。

　Ａさんが部分登校した日に、ＢさんがＡさんに対して「大丈夫」と声をかけることがありました。Ｂさんの攻撃性は認められないにしても、Ａさんは心理的苦痛を受けます。同様に、校舎内の階段ですれ違いざまに、Ｂさんの隣にいた児童がＡさんに声をかけるという接近行為がありました。そのことも、Ａさんは心理的傷つきの深さから、Ｂさんが自らに何らかの行動をしてくるのではないかという気持ちになり、Ｂさんに声をかけられたと誤解し、いじめ被害の申告をしています。

　その頃、学級担任は一人で、Ｂさんに、Ａさんとの関係等について確認しました。同じ頃、Ａさんの保護者から学級担任に対して、Ｂさんのいじめ事実を他の児童にも伝え、いじめがない、いじめがあっても助けてくれる学級にしてほしいなどの要望が伝えられます。それを受けて、学級担任は、学級指導を行うとともに、アンケートを実施しました。

　さらに、学級担任は、Ｂさんの保護者と面談をし、Ａさんが学校に来られていない理由の一つとして、ＢさんのＡさんに対するいじめ行為があることを伝えます。Ｂさんの保護者からは、Ａさんに対して謝罪をしたいという申出などがありました。

　その後、学級担任がＡさんの保護者に対して、Ｂさんの保護者からの謝罪の申入れ等について伝えますが、Ａさんの保護者はこれを断ります。その理由は、Ｂさんから謝罪されても許せるか分からない、傷つけ合ってもよいことはないというものでした。

　進級後の２年・３年時、ＡさんとＢさんを別学級にすることや、休み時間や登下校時に見守りなどの配慮をすることで、Ａさんは１年生のときのようなＢさんとの直接的なトラブルはなく、安心して学校生活を過ごすことができていました。しかし、学校は、いじめが解消したという確認をとることはしませんでした。そのため、Ａさんが１年生のときに受けていた「いじめ」は、未解消の状態でした。

　Ａさんが４年生になると、Ｂさんが児童会活動のあいさつ運動に参加しているために登校するのがつらいことが伝えられ、校舎内の階段ですれ違いざまに、Ｂさんからにらまれたという申立てがありました。

２．学校の対応についての検討

　Ａさんが１年時の３学期、Ａさんの保護者が来校して、校長及び学級担任との面談が行われました。そこでは、Ｂさんの学級を替えること、再発防止対策の文書提示、１年時のいじめ等に関する事実確認及び文書提示等を内容とする同日付の要望書が提出されます。

　これ以降、校長は、市教委と情報共有及び相談をしながら対応を進めます。市教委は、県教委とも相談しながら、別室学習を行うことが法的に可能であるという判断をし、校長に伝えました。しかし、どのような要件の下で行うことが可能なのか、どの程度の期間許されるのかなど具体的な検討はされませんでした。

　その後、Ｂさんの保護者が来校し、校長から、Ｂさんが保健室で授業を受けることなどについて提案・確認し、了承を得ます。また、校長から市教委に対して、１年時のいじめ重大事態発生について、報告が行われました。

　この重大事態認定の判断は校長が行い、そのことについての組織的対応はとられず、教頭に相談したことにとどまりました。また、校長はすでに重大事態として認定できていること、当時の学級担任による調査が行われていること等から、これ以上の調査は必要ないと判断し、市教委も、県教委に相談した結果、同判断を是認します。

　その後、学級担任からＢさんに別室授業のことについて、保護者から伝えられているかどうかを確認したところ、Ｂさんは、保護者から聞いてはいるものの「嫌だ」と泣き出す状況でした。学級担任は、学級の児童に対して、Ｂさんが別室で授業を受けることを説明するとともに、Ｂさんがいじめをしたことを伝え、学級としてどのようにＡさんを迎え入れるか等の指導を行いました。

　なお、学校は、Ａさんの保護者から提出された要望書に対する回答書を次の内容で作成します。〈当面の間、年度末までＢさんは別室学習を行う。教職員がＡさん及びＢさんの学校生活の様子を見守る。学校行事での整列順序等に配慮する。ＳＣによる相談、いじめ発生時の対応に関する指導の徹底等。〉

　このことにより、Ｂさんは、３学期中、主に主幹教諭の指導の下、別室において授業を受けることになりました。また、この対応のことは、市教委も把握しており、やむを得ないものと考えていました。

　２年生に進級すると、ＡさんとＢさんは別の学級になります。ＡさんとＢさんの学級は、なるべく動線が重ならないように教室が配置され、学校はＢさんに対する見守りを継続し、それぞれの学級担任に対して、４年時まで経過が引き継がれます。４年時、Ｂさんは学級の代表委員になりました。

　４年時の１学期、Ａさんは、特定の授業に週４日程度登校していましたが、Ｂさんににらまれたとの被害申告をします。Ａさんの保護者は市教委を訪れ、ＡさんとＢさんが接触しないようにしてほしいこと、ＢさんからＡさんに声をかけてほしくないことなどの要望を伝えました。その後、学校に対して、Ｂさんが児童会活動の一環でしているあいさつ運動をやめてほしいなどの要望が伝えられます。そのことに対して、学校はあいさつ運動への理解を求めますが、Ａさんの保護者は、Ｂさんがあいさつ運動をしていることがＡさんの登校の障害になっていることを理由に、話合いは平行線をたどりました。

　夏休みになるとＡさんの保護者は、校長宛に内容証明郵便を送付し、〈ＢさんがＡさんに二度と関わらない・近づかない・声をかけないようにＢさんに厳格な指導を行うこと、いじめの原因について説明をすること、学校がいじめの原因究明のためにしたことを明らかにすること、学校が適切な対策を講じるまでＢさんは学校行事に参加しないこと、もしこれがなされない場合には、Ｂさんは学校に登校しないこと、解決の見込みがなければ中学校にも登校しないこと〉などの要望を通知しました。

　このような通知を受けた校長は、２学期に以下の対応をとります。〈Ａさんが安心して登校するために、休み時間等にＢさんがＡさんに接触しないように教職員が見守る、Ｂさんにはあいさつ運動以外の仕事を任せる。〉

　Ｂさんの仕事をあいさつ運動以外の仕事にしたのは、あいさつ運動の立ち位置を変えるということをしても、Ａさんは負担に感じることが明らかになったためです。

　この後も、学校とＡさんの保護者とのやりとりは続きます。

ワンポイントアドバイス

　本事案のように学校対応では解消することが困難な重大事態は、教育委員会が主導していじめ対応に取り組んでいくことが必要です。また、教育委員会は、外部組織との連携を推進し、専門機関と連携する中枢機能として作用していくことが期待されます。

☑ 関連チェックリスト

5-2　保護者との連携・協働　➡　155ページ

5-4　設置者等との連携・協働　➡　157ページ

2　中学校の事例

事例05

集団内に形成された暗黙の階層を 背景としたいじめ【自死】

1．本事案の概要

　いじめは、Ａさん（中学校２年生、女子）が小学校高学年のときから始まります。いじめの態様は、「嫌がるあだ名」及び「無視」です。そのいじめは、Ａさんが中学校に入学しても継続し、嫌がるあだ名が定着します。

　Ａさんが在籍した学級は、学級内で強い影響力をもつ生徒らが無視や悪口を率先して誘導しており、学級内で弱い立場にいる生徒らは逆らえない空気が醸成されていました。

　また、Ａさんは所属していた運動部内においても、夏頃になると学級内と同様の悪口や陰口を言われたり、仲間外れにされたりなど、いじめが並行して行われます。その後も、校舎内の廊下ですれ違いざまに足をかけられ転ばされる、転ぶと心ない言葉とともに嘲笑される、部活動の試合で移動する際に利用する車内では、部員らの荷物を座席に置かれ座らせてもらえないなどのいじめが累積していきます。

　Ａさんは中学校１年時の２学期半ば頃、母親に「部活をやめたい」と訴えます。母親は子供のいじめを知ると、部活動の顧問に相談をしました。

　顧問の教師（顧問・副顧問）らは、Ａさんの母親からいじめの訴えを受けて、部員に聴き取りを行います。その方法として、部員たちにメモ用紙を配布し、「自分がいじめられているとか、いじめているとかあれば」全部を書くように指示しました。その結果、Ａさんへのいじめがあることが分かりました。しかし、Ａさんに対するいじめを把握したはずの顧問らは、部員同士のトラブルとして片付けました。

　顧問の教師は、Ａさんの母親に、「部内で話し合った結果、仲間外れのような事実はあったが、お互いさまだった。全員納得のうえで仲直りした」と伝えます。その後、顧問の教師は、副顧問の教師に指示をして、聴き取りで回収した部員らのメモの原本をシュレッダーにかけて廃棄しました。その複写を残すこともしませんでした。

　３学期になるとＡさんは、あからさまに無視され、「傷つく言葉」が書かれた紙を渡されました。その頃よりＡさんは、学級担任に提出する「生活ノート」に、「手が震える絵」などを描き、「最近、けいれん（手）がずっとしている」「しんどい」「だるい」「食欲ない」

「けいれんやばい」と記すなどのSOSを出していました。

　2年時の4月になり、新しい学級になっても、Aさんへのいじめは続きます。学級内では周囲から無視され、一人だけで過ごす時間が増えました。運動部内のいじめも継続しています。

　Aさんは、6月に実施された「学校生活に関するアンケート」に対して、「陰口を言われている」「無視される」などの質問項目に「あてはまる」と回答しました。「のびのびと生きている」「生活が楽しい」には「あてはまらない」と回答しています。「部活しんどい」とも記載していました。

　その他、Aさんの在籍する中学校で実施されていた心理検査の一つである学校適応感尺度の判定結果は、「要支援領域」でした。

　夏頃になると、Aさんは「死にたい」と、はっきり口にするようになりますが、仲間外れにされている状況は変わりませんでした。それにもかかわらず担任は、最も注意を要する状態であることをAさんの保護者に明かさず、三者面談では提出物の遅れを指摘するにとどめただけでした。

　このように、学級担任及び部活動の顧問を含めた当該中学校は、Aさんへのいじめに対して、適切に対処することはありませんでした。Aさんは孤立を深め、夏休み明けの9月に遺書を残し、命を絶ちます。

　その後、いじめ重大事態に係る第三者による調査委員会が設置されます。その調査報告書は、「いじめは明白だったにもかかわらず、見過ごされた」と認定するとともに、いじめが自殺の原因と認定します。加えて、部活動の顧問らをAさんに「無力感という精神的打撃を与えた」と批判しています。

　また、市教委が「関係者への配慮」を理由に、いじめの内容や経過を非公開とし、「学校が対応すれば自殺は防げた」など指摘の一部を公開するにとどまっていたことを、再発防止の視点から問題としています。

　なお、県教委は、事案発生から2年後に当時の校長を戒告[1]、2年時の学級担任と学年主任を訓告、部活動の顧問と1年時の学級担任を厳重注意処分としました。

1　地方公務員法第29条

２．学校の対応についての検討

　現在、学校では教職員に「いじめの積極的認知」が広く普及したことにより、いじめの認知件数が飛躍的に増加しました。しかし、いじめの早期発見後に取り組む初期対応において、学校が法や基本方針に基づき、いじめへの適切な対応に取り組んでいないために、いじめが重大事態化することを防げていないという現状があります[2]。

　以下、当該中学校の問題点及び適切な対応について、法や基本方針等を勘案して、検討していきます。

（１）組織的対応の欠如によるいじめ被害の訴えの見逃し

　Ａさんは、小学校のときからいじめられていたこともあり、中学校に入学以降も、早い段階から継続的にいじめ被害を受けていました。Ａさんの小学校時のいじめ被害に関する情報は、卒業後に開催された小中連絡協議会の場で共有され、引継ぎは行われました。しかし、中学校のいじめ対応には、様々な問題点が見られます。例えば、法第22条に「学校は、当該学校におけるいじめの防止等に関する措置を実効的に行うため、当該学校の複数の教職員、心理、福祉等に関する専門的な知識を有する者その他の関係者により構成されるいじめの防止等の対策のための組織を置くものとする」と規定されており、続く第23条は「いじめに対する措置」を６項目挙げています。

　しかしながら、当該中学校では、組織的対応が不十分なため、Ａさんに係るいじめ被害情報は学校全体として共有されませんでした。

　また、Ａさんが在籍していた学級では影響力の強いグループにより日常的にいじめ行為が継続されていましたが、学級担任が学級内の人間関係の問題に気づき指導することはありませんでした。

　さらに、部活動内においても、学級同様のいじめがあるにもかかわらず、それぞれ関係する教員が対応するだけにとどまり、組織的対応をするに至りませんでした。部活動顧問の教師らは、Ａさんの保護者からのいじめ被害に関する相談を受けて、部活動顧問の教師だけで部員への聴き取り調査を行い、指導を行ったとして、Ａさんの保護者に解消の報告をしました。しかし、それは組織的対応と言えるものではありません。

　この他、「学校生活に関するいじめアンケート」の回答を指導や支援に生かせなかったこと、学校適応感尺度の判定結果が「要支援領域」であることをＡさんの保護者に伝えていないこと、Ａさんの「生活ノート」に記された希死念慮及びSOSの見逃し等、多くの

2　文部科学省による令和４年度の統計では923件の重大事態が発生しています。

点で、当該中学校の対応の拙さが指摘されます。Aさんが「生活ノート」で発信した心の
サインを察知してSCにつないだり、保護者に伝え相談したりする等、求められる必要な
対応を十分にしていなかったと言わざるを得ない状況でした。

（2）関係生徒の「聴き取りメモ」を廃棄

　前述したように、Aさんが所属していた運動部内のいじめ対応では、部活動顧問の教師
による聴き取り調査が行われます。その調査結果は、部活動顧問の教師による判断で「人
間関係トラブル」とされ、部員らが記入した用紙は廃棄されてしまいました。そのことの
問題点について述べます。

　法第23条は「いじめに対する措置」を定め、法第28条は重大事態について規定して
います。いじめ重大事態に係る調査の目的は、いじめ事実の全容解明及び再発防止にあり
ます[3]。その目標を達成するためには、生徒を対象とした聴き取り調査結果は、一次資料と
して極めて重要な根拠資料となります。同様に、教師が日常使用している教務手帳、備忘
録、指導記録ノートや、保護者との電話対応等でメモをした付箋紙や端紙なども、いじめ
対応を検証する際の重要な資料となります。

　このことから、聴き取り調査結果を廃棄することは、法の理解不足と批判されたり、「隠
蔽」とされたりする不適切な行為とされます。

ワンポイントアドバイス

　いじめ事実の有無、学校対応の評価をするためには、一次（原始）資料
の確認が必要となります。また、事後検証のためには、誰が、どのような調査を行っ
たかについて、全て記録に残しておくことが必要です。

☑ **関連チェックリスト**　2−3　子供の「訴え」　➡　108ページ
　　　　　　　　　　　　　3−2　事実把握　➡　121ページ

3　文部科学省（2017年3月）「いじめの重大事態の調査に関するガイドライン」に、「重大事態の調査は、民事・刑事上の
　責任追及やその他の争訟等への対応を直接の目的とするものではなく、いじめの事実の全容解明、当該いじめの事案への
　対処及び同種の事案の再発防止が目的である」と示されています。

事例06

いじめていない生徒を拙速に加害者と判断した学級担任の不適切な対応【自死】

1．本事案の概要

　Aさん（中学校1年生、男子）は、真面目な性格で何事にも一生懸命に取り組む生徒です。そのため学級担任のB教諭をはじめ当該中学校の教師からは、責任感が強い生徒と評価されていました。学校での成績は良好であり、周囲の生徒からも信頼が厚い生徒でした。

　1年時の2学期にCさんが転校してきます。AさんはCさんと気が合い、休日には一緒に遊ぶなど仲良くしていました。その他、友人関係での大きなトラブルはなく、学校には休むことなく登校していました。

　2学期の体育大会が終わった頃、Aさんの学級に所属するDさんが授業中に泣いていたことから、学習支援員がDさんを保健室に移動させ養護教諭に委ねることにしました。そのことを聞いたB教諭は、次の授業時間にDさんとの面談を行い、以下のいじめ行為があったことを認知します。

　「消しカスを投げる」「石を投げる」「死ね、きもい、うざい、消えろなどの言葉」「足をかけて倒す、ぶつかったら『何お前』と言ってくる」「調子のんなよなどの言葉」「ノートを顔にぶつける」「無理やり腕相撲をさせる」。

　そこで、B教諭は当日の放課後に、Dさんとの面談で名前の挙がった生徒10名（Aさん、Cさん、他の学級の生徒も含む）を集めて、一斉指導の中でDさんが挙げたいじめ行為を確認するとともにDさんへの謝罪をさせるに至りました。

　なお、指導された生徒らは、B教諭が激しく怒っていたために自分の言い分や行為時の状況について話を聞いてもらえなかったと感じていました。例えば、Aさんは、「Dさんが投げてきたから、投げ返した」という理由がありましたが、聞いてもらえなかったことに対し、帰宅後に母親との会話の中で不満を述べています。しかし、Aさんは、B教諭の指導に不満をもちながらも、反省文を書き、翌日に提出をしています。

　この日、Aさんは、Cさんら仲の良い友人に「俺死のうかな」「学校がつまらない」と述べています。3名で笑い合いながらの会話の中で出てきたAさんからの不満であったため、Cさんらは深刻なものとは受け止めず、そのときには「冗談言うなよ」と返しました。

　その後、全校集会に続いてAさんの学年だけ学年指導が行われました。その指導は、B

教諭が先日行ったDさんへのいじめ指導を受けて行われたものであり、Aさんは自分たちのことを言われていると認識していました。さらにB教諭は、学級通信にも、同様の内容を記載しました。

それから数か月、Aさんは日常の学校生活に戻り、特段変わった様子はなかったことが確認されています。そんな秋のある日、Dさんが欠席をします。

B教諭がDさんの母親に欠席の理由を尋ねたところ「友達から嫌がらせを受けるので学校に行きたくないと言っている」とのことでした。

翌日、Dさんの母親よりB教諭に電話があり、教室には入れないが別室なら登校できるとのことを受け、B教諭は、いじめの聴き取りをしたい旨を伝えました。Dさんが別室に登校すると、B教諭は聴き取りを行います。その結果、Cさんのいじめ行為が認知されましたが、その際、B教諭の思い込みで、いじめ行為のないAさんの名前が、Cさんのいじめ行為の仲間として書き加えられていました。

B教諭は、認知したいじめ行為をした生徒らに対して指導をすることにし、昼休みに3名を呼び出し、指導をしています。Aさんは、給食の時間に別室にいたDさんに給食を持って行ったり、昼休みには、他の生徒とともに別室を訪れ、Dさんを誘い、校庭で一緒に遊んだりしていました。

しかしながらB教諭は、放課後にCさんとAさんに対しても残るように告げて、Aさんを応接室に連れて行き、聴き取りを行いました。そのとき、Aさんは自分がDさんに何をしたのか思い出せない様子のように見え、B教諭も「本当にAはDに対してちょっかいを出したのだろうか?」と疑うほどでしたが、Aさんは、Dさんに2度目の謝罪をせざるを得ない状況となりました。

下校時、AさんはCさんと一緒に下校しますが、指導に納得をしていない様子で、以前に指導された日から当日までのB教諭に対する鬱憤について不満を述べていました。

Aさんの指導時の様子を気にかけていたB教諭は、事前連絡をせずに家庭訪問を行い、Aさんと玄関先で話をし、Aさんを励まします。しかし、B教諭の指導に納得をしていないAさんにとって、事前の連絡もなくB教諭が家庭訪問に来たことは衝撃的な出来事でした。加えて、玄関先でB教諭がAさんにかけた言葉は、Aさんにとって放課後の指導に追い打ちをかける言葉として受け取られます。B教諭の発した言葉には、Aさんの日頃の部活動や勉強の頑張りを肯定的に評価することも含まれていましたが、Aさんは涙を流し、B教諭が帰った後に号泣します。

その後、Aさんは自宅を出て、遺書とともに痛ましい姿で発見されました。

２．学校の対応についての検討

　当該中学校は、かつて、授業エスケープ、生徒間暴力、教師の生徒に対する暴言や体罰等に起因するトラブルが頻発していた経緯を背景とし、生徒に対して厳格な指導態勢で臨んでいました。そのような指導態勢の中、Ａさんは、Ｂ教諭からいじめに関する指導を受けました。しかし、その指導の前提となるいじめの加害行為は、組織的対応として十分な検討がなされたものではなく、Ｂ教諭による拙速な判断によるものでした。

　以下、法や基本方針等を踏まえ、当該校の対応について検討します。

（１）担任により加害者とされたいじめ対応

　いじめの加害者としての指導を受けたＡさんは、Ｂ教諭の指導に納得していませんでした。この２度にわたるＡさんへのいじめに関する指導の不適切さの背景には、当該中学校に設置されていた校内委員会が機能していないため、組織的対応が欠如している点を挙げることができます。そのため、いじめ対応がＢ教諭任せとなり、指導の拙速さにつながりました。

　このことについて第三者委員会は、調査の結果、被害生徒Ｄさんに対するＡさんの行為は、「いじめ」と認定することはできないと結論づけ、Ｂ教諭のいじめ対応に次のような問題点があったことを指摘しています。

　〈複数名の加害側とされた生徒をまとめて指導したこと、事実確認が不十分なこと、指導時の教師の発言が不適切であったこと、聴き取りや指導に関する記録保存に対する意識の欠如、不適切な家庭訪問時の対応等。〉

　Ａさんが亡くなった後の対応についても数々の問題点が指摘されました。例えば、当該中学校では体罰も含めた不適切な指導が行われていたことや、Ａさんのいじめを認定して学校の不適切な指導を正当化しようとしたこと、生徒の立場に立って考えていないため事実に向き合おうとしなかったこと、第三者委員会の調査妨害ともとれる対応をしたことなど、法や基本方針に反するような点が挙げられています。

　これらのことについて、学校側の意図とは必ずしも一致していないこともあると思いますが、結果的に問題点として報告されている以上、その責任を免じられることはありません。加えて、体罰の禁止など法の遵守や、基本方針内容の理解不足が表れています。

（２）加害者とされた生徒宅への不適切な家庭訪問

　Ｂ教諭は、放課後に行ったいじめに関する指導の後にＡさんの変調に気づき、家庭訪問

をしました。しかし、第三者委員会の調査結果は、家庭訪問がラストストロー（我慢の限界）になったとしています。具体的には、Ｂ教諭がＡさんの本心あるいは被害生徒Ｄさんとの関係性を見誤っていたこと、Ａさんに不適切な指導をしてしまったこと、不意な家庭訪問や訪問時にかけた言葉により、Ａさんは心理的視野狭窄（自死以外の解決方法が全く思い浮かばなくなる心理状態）に追い詰められたことの経過が報告されています。

　例えば、Ａさんは、Ｂ教諭が家庭訪問した際には涙を流し、Ｂ教諭が家から立ち去った後に号泣しました。そのことについて、第三者委員会による調査報告書では、「自分の気持ちを分かってもらえないことや理不尽さに対する怒りや悔しさの涙であったと考える」とし、Ｂ教諭が家庭訪問でＡさんにかけた言葉は、Ａさんの「気持ちや立場を理解しない不適切なものであった」と結論づけています。

　また、Ｂ教諭の思いには理解できる点があるものの、判断や選択した行動は不適切であり、Ｂ教諭がＡさんの心を想像できず、「よかれ」という自分の思い込みで一方的に励ました「善意」が、取り返しのつかない結果を招いたと注意喚起しています。

　他方、担任であるＢ教諭としては、学校で放課後に行ったいじめに関する指導の際、Ａさんの様子に違和感をもち、部活動や勉強を頑張っているＡさんに対して直感的に何か感じるものがあったからこそ、事前の連絡もせずに家庭訪問をしたのかもしれません。担任が一人で抱え込まず、組織的対応を行うことの大切さを確認できる事例であると思われます。

　最後に、家庭訪問は教師にとって必要な教育活動です。しかし、訪問先の児童生徒を傷つけてしまう危険性があることを自覚し、生徒理解に基づいた生徒支援を第一に考えることが大切です。

ワンポイントアドバイス

　教師の抱え込みによる不適切ないじめ対応とさせないために、教師は「表面的な言動だけを見るのではなく、その背後にどのような感情があるのかに思いを馳せ」、児童生徒を正しく理解しようとする姿勢が求められます。

☑ 関連チェックリスト　　3－4　加害者の指導　➡　124ページ

「いじめ動画」認知後の不十分な事後指導により同様の事案が再発【人権侵害】

１．本事案の概要

　Ａさん（中学校１年生、男子）は、校外で他の学校に通う中学生からいじめ（暴行）の被害を一方的に受けました。その概要は以下のとおりです。

　５月、課業日の放課後、生徒４名が一緒に遊んでいるときに、その１名の携帯電話にＢさん（他市中学校）から連絡がありました。Ａさんが一緒にいることを知ったＢさんが、Ｃさん（他市中学校）、Ｄさん（市内他校）とともにいじめ（暴行）現場となる公園に合流します。そして、Ａさんが電話やSNSを無視したという理由で、Ｂさんが「けんか」を名目に、一方的にＡさんを暴行しました。そのときに取り巻きの生徒４名の中の２名の生徒が、いじめ（暴行）の動画を撮影しました。

　動画を撮影した取り巻きの生徒２名が保存した「いじめ動画」をインターネット上にアップロードしたことで、Ａさんの「いじめ動画」が拡散されてしまいます（以下、５月に起こったので「春事案」と表します）。なお、Ａさんは春事案の後に学校を欠席していますが、Ａさんがいわゆる「やんちゃ」な生徒であったことから、この欠席がいじめと結びつけられることはありませんでした。

　それから半月ほど経った頃、Ａさんの親族は、Ａさんが殴られている画像がSNSに出回っていることを知人から聞きました。

　このことで、Ａさんの親族はＡさんに対するいじめを確認し、Ａさんの保護者に連絡をします。そして、Ａさんの保護者とＡさんの親族は、当該中学校に来校し、Ａさんがいじめられていることを相談しました。このことで当該中学校及び市教委は、Ａさんのいじめ被害及び「いじめ動画」拡散を認知します。

　春事案では、Ａさんの親族がいじめ動画に関係している生徒を呼び出し、それぞれのスマートフォンに保存されていた「いじめ動画」をその場で削除させました。このような迅速な初期対応により「いじめ動画」の拡散を最小限の被害で防ぐことができました。

　しかし、当該中学校や市教委は、本件を重大事態と捉え、適切に対応することができませんでした。例えば、学校は関係生徒への指導が不十分となったことに加え、「いじめ動画」を一部の教員が確認しただけで、全教員への情報共有を怠りました。その他、PTA役員

に説明したり、保護者説明会を行ったりするなどの基本的な初期対応をしませんでした。

　そのようないじめ対応の結果、春事案の8か月後には、今度はEさんが暴行を受け、「いじめ動画」が撮影されることになります（以下、1月に起こったので、「冬事案」と表します）。冬事案は、課業日の放課後に当該中学校付近の広場で発生しました。その概要は以下のとおりです。

　Fさんは、Eさんが「最近調子に乗っている」ということで、Eさんを学校帰りに呼び出し、他の生徒7名のメンバーと当該中学校付近の広場に移動します。当初Fさんは、Eさんに殴ってくるように促しますが、Eさんは手を出さずFさんに一方的に殴られます。その際、Fさんは取り巻きの生徒2名に暴行の様子を撮影するように指示します。撮影に使用されたスマートフォンは、Fさんと取り巻きの生徒のものでした。

　Eさんを取り囲む周りの生徒らは、笑い声を上げながら観衆の立場でEさんへのいじめ（暴行）場面を見ています。しかし、一方的にFさんが暴行を続けているため、途中で取り巻きの生徒1名が制止をしました。

　このように、集団に囲まれ一方的な暴行を受けている「いじめ動画」を撮影した生徒は、学級内のSNSでその動画を送りました。また、Fさんも数名の友達にSNSで「いじめ動画」を送りました。

　後日、Eさんへの暴行動画を撮影した生徒が、学級担任の教員に相談したことで冬事案が判明します。冬事案では、「いじめ動画」がおよそ20名の生徒間で共有されることになりました。そのことに気づいた当該中学校の生徒指導主任は、個々の加害生徒が保存していた「いじめ動画」を削除させますが、インターネット上に投稿された動画はすでに拡散されていました。そのため、「いじめ動画」がネット上で拡散し「炎上」することになります。

　冬事案で拡散された「いじめ動画」は、不特定多数の視聴者を生み、その結果、加害生徒の氏名や住所がネット上にさらされたり、関係する学校への問合せや苦情があったり、加害生徒に対する脅迫投稿がネット上に掲載されるなど、加害生徒の人権が脅かされる事態となりました。

　本事案は、春事案において、Aさん側から「いじめ動画」情報の提供があったにもかかわらず、それを指導に生かせませんでした。当該中学校の春事案における対応の判断ミスにより初期対応につまずき、その結果、冬事案が発生したと言えます。

2．学校・教育委員会の対応についての検討

　情報系の「ネットいじめ」は、教員や保護者から見えにくいため、いじめ認知が困難です。しかし、インターネット上に投稿された情報は拡散性が高く、短時間で事態が深刻化するリスクがあることから、春事案での不十分な対応が、冬事案を起こしたと批判されてもやむを得ないことです。

　冬事案の発覚後、第三者による調査委員会が設けられ、学校や市教委のいじめ対応に関する検証が行われました。そこでは、「その時々において学校及び市教育委員会が真剣にこの問題に取り組んでいたことを否定するものではない」としながらも、当該中学校の校長及び教職員、市教委の危機感の欠如が指摘されています。本事例における学校対応の問題点について、以下に検討していきます。

（1）春事案における「いじめ動画」認知後の不十分な対応

　春事案における学校の問題点は、まず、危機管理体制が脆弱である点を指摘できます。当該中学校は、Ａさん側からいじめ被害の相談があった段階で、ＡさんやＡさんの保護者の意向を受け止めつつも、市教委に報告し、重大事態の可能性があると認識して、適切な初期対応をとる必要がありました。

　このことは、法第23条に定められている「いじめに対する措置」[1]を確認すれば明らかです。また、「いじめやいじめに関連する行為の静止画や動画等がインターネット上にアップされ拡散し、不特定多数の者が閲覧できる状態になることで当該児童生徒へ重大な人権侵害を及ぼしたりその可能性がある」ことから、Ａさんの「いじめ動画」がインターネット上に投稿されたとの情報を把握した段階で、取り組まなければならない対応は多々あったにもかかわらず、当該中学校は、次のような不十分な対応にとどまりました。

- ●加害生徒が他市中学校の生徒であったために、その指導を加害生徒が在籍する中学校に任せてしまった。

- ●Ａさんの保護者が警察に被害届を出したことによって、当該中学校は当事者意識が薄れ、本件が重大事態であるという認識ができなかった。

- ●Ａさんが事案発生直後からも、しばらく登校をしていたため、いじめられたことが原因で欠席しているという考えには至らなかった。9月からの欠席も、いじめられたこ

1　第2項には、「学校は、前項の規定による通報を受けたときその他当該学校に在籍する児童等がいじめを受けていると思われるときは、速やかに、当該児童等に係るいじめの事実の有無の確認を行うための措置を講ずるとともに、その結果を当該学校の設置者に報告するものとする」と規定されています。

とが原因ではないという見方をしていた。

● 当該中学校は重大事態であるという認識がなかったため、市教委に報告せず、結果として市教委もいじめ重大事態が起こったという認識をもつことができなかった。

（2）情報モラル教育の不備

　インターネット問題のうち、学校及び学校の教職員が、生徒指導事案として対応を求められている問題に「ネットいじめ」が挙げられています。本事例のいじめ対応では、学校が保護者や生徒に対して情報モラルに関する啓発や教育に取り組み、スマートフォン等によるインターネットへの無責任な投稿は基本的人権を侵す危険なものであることを認識させることが必要でした。

　ネットいじめに関する対応の原則[2]は、「インターネットに関する問題を把握した場合、当該児童生徒の被害拡大を防ぐことを最優先します。インターネット上の情報は拡散性が強いので、一刻を争う事態も少なくありませんが、まず当該児童生徒及び保護者等と一緒に解決していく姿勢を示すことが必要」であり、「インターネット問題は、学校内だけでは対応できない場合が多いため、警察、法律や消費者問題等の専門家等の見解を踏まえた対応を行うことが求められます」。いじめ重大事態に占める情報系のいじめの割合は決して少なくありません。また、SNSに関するいじめの低年齢化も進んでいます。このような現状を踏まえ学校には、家庭との連携や協力を得ながら、子供たちをいじめの加害者にさせないための教育が求められています。

ワンポイントアドバイス

　SNSを介したインターネット上の誹謗中傷やさらし行為など表に出にくく学校だけでは認知することが難しいケースが増加しています。学校は、必要に応じて関係機関との連携により対処することも必要です。

☑ **関連チェックリスト**　**1－1**　**いじめの認知** ➡ 92ページ
4－1　**重大事態の把握** ➡ 138ページ

2　文部科学省（2022年）「生徒指導提要（改訂版）」、第11章「11.3.4 インターネット問題への適切かつ迅速な対処」を参照。

部活動内の複雑な人間関係に起因するいじめ
【不登校】

1．本事案の概要

　Ａさん（中学校１年生、女子）・Ｂさん・Ｃさん・Ｄさんの４名は、同学年の女子生徒です。いずれも同じ運動部に所属しています。

　Ａさんは、周囲を観察して行動し、落ち着いて見える一方、自己表現が苦手で人と積極的に関わりをもつ生徒ではありません。ＡさんとＤさんは小学校の頃は一緒に遊んでおり仲が悪いという様子は見られません。Ｂさんは、Ａさんと幼稚園のときからの知り合いであり仲が良く、登下校も一緒でしたが、Ｂさんの機嫌次第では一緒に登校しないこともありました。しかし、ＡさんはＢさんとの関係を非常に重視しています。Ｂさんは、Ｃさん・Ｄさんとは小学生のときからあまり仲が良くありません。ＣさんとＤさんは中学１年時から仲が良い関係でした。

　部活動では、練習熱心で仕切ってまとめていたＣさん・Ｄさんのグループと、練習熱心とは言えず、うまくこなすＢさんらのグループに分かれており、ＡさんはＢさんと仲が良く一緒にいることが多いことから、Ｂさんと同一グループと見られていました。Ａさんは、練習にきちんと参加していますが、Ｂさんは興味のある練習はするが片付けない、練習に来ないなど練習熱心とは言えません。その部活動内には、グループ間の対立があり、周囲の部員からはＢさん対Ｃさん・Ｄさんという構図で捉えられていました。

　Ａさん・Ｂさんは、練習をしているのに認められないこと、いつもＣさん・Ｄさんが指示を出すことに不満をもっていました。Ｃさん・Ｄさんは、先輩から目をかけられていたこともあり、部活内ではＢさんは同学年の中で浮いた存在、疎まれた存在になり、非難的発言も受けていました。しかし、Ｂさんは、Ｃさん・Ｄさんから直接悪口等を言われたことはなく、いじめられているとの感覚もありません。Ｂさんは、Ｃさん・Ｄさんと距離ができる中で、好き嫌いの感情があるのは仕方がないと割り切っていました。

　５月中旬頃の部活動中、Ｃさん・Ｄさんが、Ｂさんの練習態度に対する不満を話していた際、Ｂさんに対する非難的発言あるいは悪口と解釈できる内容の発言がありました。このことにショックを受けたＡさんは、Ｂさんに「（Ｂさんの）悪口を聞くのがつらい」ことを話しました。それを聞いたＢさんが部活動の顧問に訴えたことで、中学校は部活動内

の人間関係トラブルと判断し、部活動内で解決を図ることになりました。

　部活動の顧問も同席したBさん・Cさん・Dさんの話合いでは、DさんはBさんに対し、「Bさんが部活のときに話したから注意しただけなのに」と主張します。その後、Aさん・Bさん・Cさん・Dさんの4名での話合いをすることになりました。その話合いの中で、Aさんは、Cさん・Dさんに対し、同人らがBさんの悪口を言っていた旨を主張しますが、それを否定されます。そのことにAさんは納得できませんでしたが、Bさん・Cさん・Dさんは、お互いに勘違いさせたことを認め、Cさん・Dさんの提案により、Bさん・Cさん・Dさんは、相互に謝罪をしました。

　また、4名の話合いでは、Bさんを中心に話が進み、Aさんも多少は話をしましたが、ほとんど話をしていない状況でした。その後、当該部1年生が円座になり話合いが行われます。そこではBさんが「この後2年間もあるから、いがみ合っているより、仲良くなった方がいいんじゃないか」「頑張ろうよ」等と発言をしました。

　他方、夏休みになるとAさんは保護者に、Cさん・Dさんからいじめられていることを伝えます。そして、Aさんは2学期以降に部活動を休むようになり、10月の三者面談では「教室は嫌い、部活はもっと嫌い」と言い、3学期の三者面談では、「Cさん・Dさんと同じクラスにしないでほしい」と、Aさん自らの訴えがありました。やがて部活動には全く出なくなり、2年時の2学期に当該部を退部します。

　Aさんは部活動のトラブルの頃から体調不良を理由に保健室を利用する回数が多くなり、早退が増え、「逆流性食道炎」との診断を受けます。やがて登校渋りから教室に行くことができなくなっていきました。

　学校は、Aさんが学級に行きづらくなってからは、保健室利用時における養護教諭の相談の継続や、学習支援室における支援員や相談員の相談等を行いました。教職員とAさんとの関わり方は、Aさんに寄り添い、Aさんの学校生活の改善を図ろうとするものでした。しかし、きめ細かな生徒理解に基づく組織的な対応としては、十分な効果をみるまでには至りませんでした。

　Aさんが3年時の8月上旬、学校はAさんの保護者からの電話連絡により、Aさんは1年時の部活動トラブルが原因で教室に通うことができないという被害申立てを受けます。その日のうちにAさんの保護者とAさん本人が来校し、学年主任と面談し、いじめ被害の申立て内容について確認をしました。

２．学校の対応についての検討

　本事例では、校長が８月下旬に保護者からの主訴を市教委に報告します。２学期が始まると、学校は市教委へ事故報告書を提出し、その日のうちに市いじめ調査委員会が設置されました。

（１）部活動内における同学年の人間関係の複雑さを踏まえた生徒理解の不足

　本事例は、ＡさんとＢさんの人間関係に加え、部活動内におけるＣさん・ＤさんとＢさん、ＡさんとＣさん・Ｄさんとの人間関係等、思春期真っ只中にある女子中学生の複雑な人間関係に起因するいじめ重大事態です。当初、学校は部活動内の人間関係トラブルとして捉え、当事者同士の話合いによる解消を目指しました。

　しかしながらＡさんは、話合いの結果に納得できず不満をもっていました。そして、そのストレスから徐々に体調を崩していき、保健室を利用する回数が多くなり、早退することが増えていきました。やがて、登校渋りから教室に行くことができなくなっていきました。

　Ａさんが主張したいじめ被害は、次の６点です（いずれも１年時の１学期）。①５月頃部活動中にＣさん・Ｄさんから悪口等の暴言を受けた。②５月中旬から下旬の間、部活動中にＣさん・ＤさんからＢさんの悪口を聞かされた。③大会の日に駅のホームでＣさん・Ｄさんにあいさつをしたが同人らから無視された。④部活の筋トレ中に一人でいた緘黙の友人に話しかけたらＣさん・Ｄさんが先輩に言いつけたことで先輩から怒られた。⑤部活動で使用する道具を受け取ろうとしたら目の前にたたきつけられるように落とされ「早くして」と言われた。⑥部活動の集合時間を伝えられず遅れたことがあった。

　上記のいじめ被害は、Ａさんが３年時の夏休みになってから出されたものです。そのことから、学校の組織的いじめ対応の不十分な点について、調査委員会は次のように指摘しています。

　〈当該校の教職員はＡさんに寄り添う姿勢をもって関わってきたが、さらなる内面理解を深めるためのアプローチが必要であった。例えば、Ａさんの体調不良は「逆流性食道炎」との診断を受けているが、Ａさんの体調不良の要因を保護者との連携を通して、より深い水準で理解することが必要であった。また、体調不良を理由に保健室を利用する回数が増え、早退等が増加した時点で、ＳＣや保護者と連携し、Ａさんの心の痛みに寄り添うことができていれば、重大事態には至らなかった可能性がある。〉

（2）あるべき学校の対応

　調査委員会は、検証を通して、「学校生活の中で日常的に起こる生徒同士の様々な事象の中から、『いじめ』ではないかということを認知することは容易ではない」と、法に基づいたいじめ対応の難しさを理解した上で、「学校教育のあらゆる場面で、生徒等の心身の状況を把握しながら教育活動を推進して欲しいと考える。本人の訴えがなかったとしても生徒等の言動等から些細なサインを察知し、早期発見・早期対応に繋げることは可能である」と指摘しています。そのためには、「学校教育の中でいじめ防止の中核となる生徒指導・教育相談組織等の運営に当たっては、思春期特有の心理状況等の把握を含め、いじめの定義の共通理解を図るための定期的な教職員研修が必要である」ことを提言しています。

　また、教職員間で情報を交換し、いじめの対応をしていくためには、「『無知、心配性、迷惑と思われるかもしれない発言をしても、この組織なら大丈夫だ』と思える、発言することへの安心感を持てる状態（心理的安全性）をつくり出すことが不可欠です」[1]。そのことは、法第23条に定められている組織的対応にほかなりません。

> ### ワンポイントアドバイス
>
> 　カウンセリング・マインドの重要性を再認識することが必要です。現在においてもカウンセリング（教育相談）は、生徒の内面理解を深めるために大切であり、教育相談力を高めることが求められています。

☑ **関連チェックリスト**　　**2-3**　子供の「訴え」　➡　108ページ

　　　　　　　　　　　　　　3-3　被害者の支援　➡　123ページ

1　文部科学省（2022年）「生徒指導提要（改訂版）」第4章「4.2.3 実効的な組織体制」を参照。

事例09

小規模校における「空気」（雰囲気）を原因とする いじめ【自死】

1．本事案の概要

Ａさん（中学校３年生、男子）が在籍する中学校は、平成の市町村合併や学校統廃合を経て改称され、へき地２級に指定されています。教職員は合計10名程度の小規模校（全校生徒数約50名、３年生は男子６名、女子15名）です。

この中学校に通学する大多数の生徒は、教育委員会が所管するスクールバスを利用しており、そのバス停留所は学校の近くにあることから、登校日は毎日、教職員による出迎えが行われています。

教員から見たＡさんは、真面目な性格であり、積極的に学校生活全般に取り組む優秀で模範的な生徒でした。そのようなＡさんは、中学校３年時の夏休みの宿題において、「空気」をタイトルとした人権作文を執筆しています。

Ａさんは、作文を書くことは不得手でしたが、自らの意思で「いじめ」についての作文を真剣に、一生懸命書き上げました。その一部を以下に転載します（出典は公表された調査報告書）。

> 情報社会である現在、私たちには毎日膨大な数の情報が流れてくる。その情報を受取る手段は例えば、テレビのニュースだったり新聞であったりするが、必ずといっていいほど目にする記事がある。それがいじめ問題だ。「中学生の男子生徒が・高校生の女子生徒がいじめにより自殺しました」などという事件が起こるのが最近はあたりまえと思う人が増えていると思う。それを感じるたびに私は人間の「慣れる」という特性に恐怖してしまう。（中略）では、いじめの原因は何かを伝えよう。それは「空気」だ。空気というのは雰囲気等の方の意味だ。これが目に見えないものだから恐ろしい。いじめをしなければ自分がやられてしまうという空気、いじめに参加しないといけない空気。そう、いじめの加害者・主犯格でさえも空気によって動かされているのだ。（後略）

Ａさんは授業中に積極的に発言する生徒ですが、Ａさんの学級には目立つことが許され

ないような独特の雰囲気があり、1学期には、同級生の大部分がAさんを対象としたいじめに加担するようになっていました。上記人権作文は、Aさんがいじめられていることを示唆する内容でしたが、学校はそれに気づかず、2学期になってもAさんへのいじめがやむことはありませんでした。

　Aさんは2学期になると、無視（シカト）、筆箱をひっくり返す行為、「死ねばいいのに」等の悪口・陰口、連絡帳への落書き、あだ名、LINE上での書き込みやSNSでの投稿等のいじめ行為を受けるようになりました。

　これらいじめ行為により、Aさんは苦悩し、Aさんと同級生間におけるLINEのグループで、周囲に自殺を示唆する言動等を発信していました。その頃よりAさんの希死念慮を心配する同級生もいました。しかし、冬休み期間にもAさんを取り巻く対人環境は改善されなかったために、Aさんの心理状況は悪化し、心理的視野狭窄（自死以外の解決方法が全く思い浮かばなくなる心理状態）の状態になっていきます。

　冬休み明けの始業式の日、Aさんは午前4時半頃にLINEで「ごめん　さようなら　Aより」と発信した後、いつもと同じように両親に「行ってきます」とあいさつをして、7時過ぎには自宅を出ます。しかし、Aさんはスクールバスに乗車しませんでした。

　この日の朝に「さようなら」というAさんからの発信を見ていたBさんは、Aさんがいつも利用しているスクールバスに乗っていないことから不安になり、他の生徒にAさんからの「さようなら」というLINEの話をしました。

　他の生徒も、それまでのLINEでAさんが「死ぬ」と発信していたことを知っていました。そのことから、多くの生徒が不安になり、「これって大丈夫」「これってやばいよね」などと言い、スクールバス内はざわついていました。

　7時半頃、生徒を乗せたスクールバスは学校近くの停留所に到着し、生徒らはそれぞれの教室に向かいます。管理職2名は、いつもどおり生徒らを玄関前で出迎えますが、Aさんがいつも利用しているスクールバスに乗っていなかったことを確認したものの家庭への連絡をしませんでした。

　生徒たちは教室に入ると、他方面から来ている生徒たちもAさんが登校していないことに気づき、不安を口にしますが、その情報が教職員に伝わることはありませんでした。

　その後、学校は、Aさんが自らの命を絶ったという痛ましい事実を確認することとなります。

2．学校の対応についての検討

　本事案発生の前日には、Ｙ県Ｔ市で発生した生徒の自殺事案が報道されています。しかし、事故当日、スクールバスから生徒たちが登校してきた７時半頃、管理職をはじめ誰もＡさんの家庭に連絡をしていません。長期休業日明けは、子供の自殺が発生する特異日として知られていますが、教職員の誰一人として危機感をもってはいませんでした。学校の対応の問題点について、以下に述べていきます。

（1）いじめの萌芽、いじめの見逃し

　この地域では、小規模校である当該中学校に進学してくる２つの小学校ともに深刻ないじめが発生していました。そのことが原因で転校した生徒がいる、いじめ被害を学校に相談した保護者がモンスターペアレントとされ、その後の保護者間の関係悪化が見られるなど、小学校時に適切ないじめ対応がとられないまま、２つの小学校から進学してきた生徒が中学校で一緒になりました。

　このような事情から、中学校では１年生のときから誰かがいじめの対象となることが日常化していました。この点に気づいた保護者もおり、いじめ事態の改善のために保護者会の開催を要望しましたが、その希望は叶いませんでした。学級で実施されたいじめアンケートにおいても、学級の多くの生徒がいじめの存在を認識しており、学級の雰囲気（空気）について、「遊びでシカトしている、死ね、嫌い、ムカつくと言う、女子の人間関係が複雑、嫌な雰囲気、安心できるクラスではない、安心して暮らせない、息が詰まる」などと記入していました。そのことから、教師は生徒らのSOSの発信をしっかりと受け止めていないこと、クラスの状況についての危機感を抱いていなかったこと、いじめアンケート調査の実施について保護者に知らせていないことなど、多くの問題点が指摘されています。

　また、クラス内で生徒たちは、人を傷つけるような言葉を日常的に多用していたことが明らかになっています。第三者委員会の調査報告書では、「言葉は使い方で刃物より相手を傷つけることがある。汚い言葉の多用で子どもたちは友人を傷つけることにも鈍感になり、人権意識も希薄になる」「言葉の使用も含めて対人的なコミュニケーションのスキルなどを指導しなければならなかった。何もしないのは、この状況を教師が容認したことにもなる」と指摘しています。

（2）事故当日の欠席に対する不適切な対応

　事故当日は、始業式の日でした。Ａさんが登校していないことに気づいた管理職は、出

勤してきた学級担任に、Ａさんがスクールバスに乗っていなかったことを伝えますが、それ以外は何もしていません。

　他方、学級担任は、Ａさんが登校していないことを聞きながら、家庭連絡の電話をするなどの行動をとることはありませんでした。その後、中学校では８時から職員室において教職員の朝会が行われます。続いて、８時半頃まで学年打合わせが行われ、掃除の時間となります。

　その途中にＢさんが職員室の前にいたＣ教諭に「Ａさんはどうなっているのですか」と尋ねましたが、Ｃ教諭は「知らない。電話してみる」と答えます。しかし、家庭への連絡はしませんでした。それから10分ほどして、学級担任がＡさんの家に電話をかけ、電話に出たＡさんの父親にＡさんが登校していない理由を尋ねました。

　これに対し、Ａさんの父親は「おかしいなあ、いつもどおり家を出ましたが、変だなあ、ちょっと探してみます」と答えます。Ａさんは、日頃欠席したり、遅刻したりすることがほとんどなく、３年時のＡさんは、欠席ゼロ、遅刻が１回あったのみです。しかし、学級担任は、Ａさんが通常どおりに家を出たことを確認しますが、Ａさんの父親に捜索を任せてしまい、その後、再度の保護者連絡をした際に救急車で病院に搬送されていることを知るまで、全く行動していませんでした。

　学校の教職員は誰もＡさんについて異常を感じることはありませんでした。その後、Ａさんの自死が明らかとなります。

　当該中学校は、小規模校ですが担任以外に副担任が２名おり、複数で生徒たちの様子を見ていました。Ａさんの作文「空気」を読んだ学級担任は、それをＡさんが発信したSOSと捉えることができませんでしたが、他の教師と一緒に検討していれば気づくことができたのかもしれません。

ワンポイントアドバイス

　　小規模校では、人間関係が狭く、固定化されがちである点についても留意して、生徒指導の重層的支援構造（２軸３類４層）を意識し、子供の自殺に関する取組も踏まえて、適宜、生徒指導に取り組むことが必要です。

☑ 関連チェックリスト　　1-3　発達支持的・課題予防的取組　➡　94ページ

　　　　　　　　　　　　　2-1　早期発見３ルート　➡　106ページ

事例10

謝罪の会をめぐる学校の対応が、
重大事態化の原因の一つに【不登校】

1．本事案の概要

　Aさん（中学校1年生、男子）が昼休みに廊下で座って、友人と談笑していたところ、たまたまその場を通りかかったBさん（同級生）が、いきなり右足でAさんを蹴ろうとしました。そのBさんの足はAさんの左手に当たり、Aさんは左手打撲等の傷害を負うというトラブルが発生しました。

　Aさんは、Bさんとは知り合いの仲ではなく、Bさんとは、本トラブルの前に、少し話をした程度の関係性でした。つまり、AさんとBさんの間に継続的な人間関係はなく、お互いに「同じ学年の、違うクラスの生徒」という認識程度の関係でした。そのため本トラブルは、突発的なものと言えます。

　当該中学校では、いじめが発生した場合のフローチャートが作成されており、それに基づいた対応をすることになっていました。しかし、本トラブルは、当該中学校の生徒指導委員会で検討した結果、1回限りの暴力行為であると判断され、いじめ案件ではなく暴力行為として扱われることとなりました。

　Aさんは、トラブルが発生した昼休み直後の授業中の小テストが終わった段階で、学級担任に対して、保健室に行きたい旨の申告を行います。学級担任は保健室利用を認め、Aさんは保健室に行きます。保健室では、養護教諭が対応し、事情を聴取するとともに、患部を冷やすなどの対応を行いました。けがの状態については、骨折を疑うほどではないが、腫脹している状態であり、念のため病院を受診することが望ましいと判断し、保護者にその旨を説明しました。けがをした原因がBさんから受けた暴行という申告だったので、養護教諭は生徒指導主任に報告を行い、生徒指導主任が保健室に来て、状況を聴取することになりました。

　生徒指導主任は、まずは事情の把握に努め、事実関係を聴取し、その後早い段階で、そのことを記録に残します。事情聴取の際、Aさんからは、Bさんに指導をしてほしいという旨の要望が出されますが、Aさんに対して直接Bさんに言うように指導をしました。

　他方、Bさんの学級担任は生徒指導主任から報告を受け、状況を把握し、放課後にBさんからの聴取を行います。そこでは、生徒指導主任からの報告と一致していたため、聴取

内容のメモを廃棄しました。

　この後、各保護者への説明等が行われ、翌日の放課後には、生徒同士の謝罪の場が設けられます。その場には、Aさん、Bさんに加え、生徒指導主任、それぞれの学級担任が同席しました。Bさんは暴力を振るってしまったことについて謝罪をします。これに対してAさんは、Bさんの住所や電話番号を聞くとともに保護者を交えて話をしたいなどの要求を伝えました。またAさんは、今さら謝られても遅いというような不満も伝え、AさんとしてはBさんが謝罪をしたことに対して納得をしていない気持ちを表します。

　しかしながら、謝罪終了後、Aさんは、学級担任から、本事案とは関係のない以前にAさんが加害者となったトラブルについて突然注意されたことで混乱します。その後、Aさんは学校に行けなくなり、コロナ禍の影響で学校が一斉休校となった以降も出席せず、不登校状態になります。不登校になる前後の学校対応は以下のとおりでした。

　〈学級担任は、けがをしているAさんに、保護者に確認した上で、掃除の時間はできる範囲で掃除に参加することを指導した。学級担任の担当授業でAさんが一人だけ笑っていたとして注意をした。不登校になった後は、集団宿泊的行事への参加を促すなど電話連絡を行った。〉

　しかし、Aさんが再登校し、行事に参加することはありませんでした。その後、学校が一斉休校となったこともあり、学校からの電話連絡がなくなります。

　3月、校長はAさんの保護者と電話連絡を行い、そこで学校の対応が原因で不登校になっているという話を聞きます。その後、校長・教頭とAさんの保護者が面談し、保護者の要望、Aさんの思いなどを聞きました。Aさんの保護者からは、Aさんは学級担任がいるせいで学校に行くことができないこと、Aさんのことをきちんと認めてほしいという要望があることが伝えられました。

　Aさんが2年生になって以降はコロナ禍のために学校が一斉休校状態であり、6月から登校再開となりますが、Aさんの不登校は続きます。新しい学級担任が定期的にAさんと連絡をとり、学習面のサポート及びAさんに対するフォローが行われた結果、2学期から再登校して教室で授業を受けられる状況になりました。

　Aさんからの聴き取りをまとめると、Aさんが1年生のときの1学期中の学級担任の発言、2学期中のBさんから受けた暴行に関する指導、他の教員からの名前の呼び間違い、呼び間違いに対する謝罪をめぐる対応などが原因で、Aさんは学校の教員に対する不信感が高まったようです。

２．学校の対応についての検討

　本事案の調査は、Ａさんが、Ｂさんから昼休み中に蹴られたというトラブルに関することを調査対象としています。学校は「暴力行為」と判断しましたが、調査報告書では本事案をいじめ加害行為として事実認定しました。その他に、学校の不適切な対応及び教員の指導に係る問題点が指摘されています。Ａさんが不登校となった経緯を踏まえ、以下に学校対応の問題点について述べていきます。

（１）教員からの指導がハラスメントとして受け止められていたこと

　調査報告書では、本事案発生以前のＡさんと教員とに関するエピソードが挙げられています。そこでは、Ａさんが教員からの指導過程において、本事案とは関係のない以前のトラブルについて注意されたことや、掃除の時間における指導及び体育の時間における注意といった点について、ハラスメントを受けたと捉えていました。

　さらに、事実認定についても、Ａさんは不足していると考えている点が複数ありました。調査報告書に添えられる保護者の所見では、不登校以降に学校がとった対応の問題点について、「トラブルとそれに関わる教員の言動を一体的に捉えた検証が不十分である」ことを指摘しています。

　調査報告書では、学校に対し、以下の問題点を指摘しています。

　まず、いじめとして認知しなかった点。次に、暴力事件としての対応も不足していた点。その具体例として、組織的対応、情報把握、情報共有、保護者への報告、警察等外部機関との連携などは、いじめ事案が起こった場合の対応と大きく異なるところはないにもかかわらず、不十分であったことを指摘しています。

　続いて、聴取・情報共有をめぐる対応として、聴取内容について記録を残しているのは生徒指導主任のみであったこと、Ｂさんの学級担任が自らの判断でメモを廃棄したことは不適切な対応であったと指摘しています。

　調査の結果、「トラブル」（暴行）は、法の定義からすれば、いじめに該当すると判断し、いじめに付随する学校の対応がＡさんの不登校原因の一つとされました。

（２）謝罪の会をめぐる対応についての検証

　本報告書では、謝罪の会について、重要な見解が述べられています。ここでは、安易な謝罪の会を行うことのリスクについて、以下のように述べられています。

　「十分に加害者側が認識・納得をしていないと、謝罪の場でさらなる物理的・心理的な

影響を被害者側に与えてしまう結果となる可能性がある」とし、他市で発生した重大事態（中学生女子自死事案）の報告書において、「場当たり的な謝罪の会の設定がいじめを継続、増幅させてしまった一因であるとされて認定されている」ことを挙げています。

　また、「謝罪という意味のとらえ方については、人それぞれ考え方が異なるので、加害者側が主観的に誠実に謝罪をしたとしても、必ずそれが被害者側の納得につながるわけではない」こと、「謝罪をされたからといって、被害者側がそれを受け入れなければならないわけではなく、被害者側が謝罪を受け入れなかった場合、謝罪を受け入れるように教師が指導することは、いじめの被害を受けた当事者に対して、さらなる精神的な苦痛をもたらすことになりかねず、教師による被害拡大を生みかねない」ことを挙げています。

　その上で、「謝罪の機会を設ける場合には、様々な観点からの検討が必要であるため、本当にそのような機会を設けることが必要かどうかを慎重に検討し、当事者の意向やその場でどのようなやりとりが想定されるのか（それがコントロール可能なのか）、その機会を設ける教師側はどのような目的をもって行うのか、その機会を終えた後どのような指導をしていくのかというようなことを慎重に協議し、組織として共有することが必要である」としています。本事例では、このような問題点への対策について検討された形跡がなく、そのような検討がされないまま謝罪の会を設定したことは不適切であったと評価しています。

ワンポイントアドバイス

　本事例では、学級担任が法のいじめの定義を正しく理解できていなかったために、法に基づいたいじめ対応をとることができませんでした。謝罪の会は、被害を訴えた側の了解と要望に基づき開催することが基本条件となります。

☑ **関連チェックリスト**　**1-1**　いじめの認知 ➡ 92ページ
　　　　　　　　　　　　　3-1　早期対応 ➡ 120ページ

事例11

顧問教師不在時に発生した
部活動内の同学年のいじめ【不登校】

1．本事案の概要

　Aさん（中学校2年生、男子）は、真面目な性格であり、面倒見がよく、学習にも意欲的に取り組む生徒です。入学後に入部した運動部活動は、もともとは少人数でしたが、Aさんが入学した頃から人数が増えつつありました。部活動指導は、主顧問教師がほぼ一人で行っています。

　運動部活動におけるAさんの学年は、1年生のときより、複数の生徒の練習態度が不真面目であり、このことは上級生及び顧問教師に情報共有されていました。Aさんは不真面目な同級生らに注意をする側の部員の一人でした。そのために、Aさんと練習態度が不真面目な生徒たちとの関係はうまくいっていませんでした。このことを主顧問教師は認識していました。しかし、不真面目な態度は主顧問教師不在時に見られ、普段の部活動の中では主に上級生による指導に委ねられていました。また、Aさんの所属する運動部では、何度かスマートフォンをめぐるトラブルが、Aさんの学年で生じていました。

　Aさんが1年時の2学期末頃、部活動における練習のウォーミングアップ（ランニング）中に、1年生の男子部員数名がボールを投げたり、互いに当て合ったりするなど、ふざけて走っていました。その様子を見ていたAさんが、ふざけていた部員に対して注意をします。その場に顧問教師は不在でした。

　その日の練習終了後、主顧問教師が1年生だけを集めてミーティングを行い、ウォーミングアップの様子を確認した際に、Aさんはふざけている部員に注意したと報告します。Aさんの言葉を聞いた数名の1年生は、この出来事を契機として、Aさんに対し、嫌がらせを行うようになります。

　Aさんに対する数名の部員からの嫌がらせは、翌年度まで継続します。

　Aさんは、2年生に進級後の8月下旬頃から、部活動の練習を欠席したり、試合を欠場したりすることが生じ始めます。その頃、Aさんの母親は、学級担任に部活動内でいじめがあることを電話連絡で伝えました。しかし、学校でのいじめ対応は不十分なまま2学期が始まります。

　Aさんは、9月以降も部活動の欠席が続きます。学校生活では、別室登校、校長面談、

SCとの面談等があり、母親と登校する日もありました。

　中学校が行った部活動内におけるＡさんへのいじめに関する調査では、部活動の部員を対象に「いじめに気づいた人はいなかったのか、いじめ行為を見たことがある人はいなかったのか」について挙手で回答を求めています。その後、Ａさんの母親からの要望を受けて、学年ごとに部員から個別の聴き取りを行いました。その結果、嫌がらせと考えられる行為の目撃者がかなり存在したこと、行為を受けた生徒はＡさんだけではないこと、行為を行った生徒は多数いることなどが分かりました。しかし、「いじめ」という認識があった生徒はほとんどいませんでした。

　10月上旬には、Ａさんは、「学校へ行かない。学校が自分にとって安心安全な場ではない。何かあっても守ってもらえない場所だから行かない気持ちが強くなった」と母親に話します。そのことを母親は学校に連絡しました。10月中旬、Ａさんが友人と図書館で勉強をした際、友人から、複数の生徒らが、Ａさんが「さぼっている」等と話していたことを聞きます。10月下旬になるとＡさんは、「先生とは会いたくない」と母親に伝え、それ以降は登校できなくなりました。不登校以降も情緒不安定な様子が続いています。

　このような経緯でＡさんが不登校となった翌年度に、外部委員による重大事態調査が始まります。その結果、以下のいじめの事実が認定されました。

- ●Ａさんが拾ったボールを「汚い」と言って触らなかったこと。
- ●練習の組み合わせでＡさんと一緒になると文句を言ったこと。
- ●Ａさんに「死ね」「きもい」「うざい」等と言ったこと。
- ●Ａさんが試合をしているときに「負けろ」と言ったこと。
- ●Ａさんに、わざとボールを当てたこと。
- ●Ａさんが拾ったボールを足で踏みつぶしたこと。

また、いじめの定義（本人が心身の苦痛を感じている）に照らし合わせていじめとして認定されなかった行為は以下の２点です。

- ●ミーティング中にＡさんの方を見て笑ったこと。
- ●ランニング中に故意にＡさんの前を遅く走ること。

なお、調査報告書では、部活動の運営について「生徒のみに委ねていたことの是非については、再考を要する」という意見が添えられています。

２．学校の対応についての検討

　Aさんの運動部活動内における学校のいじめ対応について、調査報告書では、以下の４点から検証し、問題点を指摘しています。

（１）早期発見、早期介入の原則が守られていなかったこと

　本事案の一連のいじめ行為の発端となる事象が起こったのは、Aさんが中学１年時の12月頃ですが、学校側がこの一連のいじめ行為を察知したのは、その８か月後でした。重大事態に至った背景に、いじめ行為の早期発見が叶わなかったことが挙げられます。いじめ対応では早期発見が原則であり、その役割を担うのは生徒にとって最も身近な大人である教師に期待されます。本事案における一連のいじめ行為は、部活動中の教師不在の場面で起こっていた事象が多かったことからも、教師による観察及び指導が行き届いていなかった点に問題があったとしています。

　次に、早期介入という点では、母親から学級担任に一報があった後、「学校内の各部門の連携がうまくとれていなかったこと」を原因として、Aさん及び加害生徒らに対する学校の有効な介入が迅速になされなかった点も、重大事態に至った背景にあると考えられます。

（２）校内の各部門の連携がうまくとれたとは言い難い状況にあったこと

　Aさんの学級担任が母親からいじめ事案について報告を受けてから、校内委員会が設置されるまでの間の学校の対応に問題がありました。そこでは、学年の教師集団の動きと部活動などの課外活動との連携を考えることが必要なこと、部活動で起こった問題を解決するためには、他の教師が顧問に遠慮する必要はないことについて認識不足がありました。

　報告書では、学校の教師間には「他の領域を侵食することのタブー」があることを指摘した上で、「相互に干渉することへの懸念が、問題の早期発見、早期対応を遅らせる結果を招いてしまっている」と分析し、その結果として、「指導の放棄」につながっていると厳しく問題点を指摘しています。

（３）Aさんの心情に寄り添う指導ができていなかったこと

　学級担任が、Aさんからの本事案に関わる一連のいじめ行為についての聴き取り以降、Aさんと直接やり取りをした時間は限られています。しかし、いじめ対応では、被害を受けた生徒に寄り添い、共感的に生徒の心情を理解しようと努めることが求められます。そのことについて、学級担任をはじめとする大人の関わり方は大切であることから、学級担

任の関わりの事実が見られないことは「猛省すべきこと」とされています。

　また、学校はSCにつなごうとしましたが、カウンセリング関係の成立は難しい結末となりました。その要因は、Aさんに対する関わり方を検討する際に、SCと連携していないことにあります。これでは、面接に臨んだAさんと母親の期待に応えるものとはならず、継続面接を望まないことになりました。結果として、いじめられたAさんの心情に寄り添う関わりができていなかったと言わざるを得ません。

（4）いじめに関する指導が不十分であったこと

　外部委員による生徒を対象とした聴取では、生徒の多くが、「『うざい』『きもい』『死ね』などと言うことがいじめに該当することを認知していなかったことが判明した」と述べられています。学校は生徒に、「どのような行為がいじめ行為にあたるのか、なぜいじめをしてはいけないのか、いじめをなくすためにはどうしたらよいのか、などについて、日頃からきめ細やかに教育及び指導をし続ける必要がある」ことが指摘されています。

　また、上記のような生徒の実態があることから、当該校では、いじめアンケートに正直に記載することは「先生にチクった」ことになり、「記載者が報復されるのではないかという危惧を抱いていた生徒もいた」ことが報告されています。あらためて学校は、「いじめアンケートに記載することは、なんら咎められることではなく、いじめられている生徒を救うためにぜひとも必要なことであること、及びいじめアンケートに記載されたことをもって、記載した者を特定したり復讐したりしてはいけないことを、しっかり伝える必要がある」とされています。上記のことから、当該校では、いじめに対する基本的な指導ができていなかったことが明らかにされています。

ワンポイントアドバイス

　重大事態化を防ぐためには、いじめられている生徒に寄り添うこと、学校に来るのがつらい生徒がいたら、そのつらさを共感的に理解しようとする態度で接することが大切です。それが、いじめの早期発見、早期対応につながります。

☑ **関連チェックリスト**　**2−2**　教師の「発見」　➡　107ページ
　　　　　　　　　　　　　　3−3　被害者の支援　➡　123ページ

事例12
加害生徒への指導のタイミングの遅れにより、いじめ被害が深刻化【不登校】

1．本事案の概要

　Aさん（中学校1年生、女子）は、9月中頃、学級担任に、Bさん（他学級の同級生、男子）から悪口を言われたり、ニヤニヤしながら見られたりすること、Cさん（他学級の同級生、女子）がいじめられていること、人のことが信じられないことなどの悩みを相談しました。そこでは、ほかにもAさんがリストカットをしていること、希死念慮があることなども語られました。学級担任が、Aさんのリストカットの傷痕を目視すると、手首の静脈上ではありませんでしたが皮膚上に白い線状の痕を確認することができました。

　学級担任は、7月及び8月に実施した生活アンケートに、AさんがBさんからのいじめ被害等について記載していることを踏まえ、学年主任に報告し、情報を共有しています。

　また、学級担任は、リストカットの事実を受けて相談内容を重大な事態と判断し、直ちに学年主任に報告し、当日に校内委員会が開かれます。Aさんは、母親に連絡をしないでほしい旨を伝えますが、校内委員会は、緊急案件として、翌日に家庭訪問を行い、Aさんの母親と相談することとしました。

　翌日、学級担任はAさんの自宅に家庭訪問を行い、Aさんの悩みやリストカットをしていることを告げました。翌日からは週末となります。

　週明けの月曜日、Aさんは遅刻して昼前頃に登校します。Aさんは週末に行ったリストカット痕を学級担任に見せました。話をする中で、BさんにAさんへの行為を注意することについて伝えると、Aさんは「後が心配だから待ってほしい」と言いました。しかし、当日の放課後になるとAさんは、Bさんへの注意は学年主任からしてほしいことを告げに来ました。

　このことを受けて、翌日にAさんと学年主任は面談を行います。そこでは、Aさんの希死念慮が示唆される発言とともに、Bさんへの指導については「優しく話してほしい」との要望が出されました。

　同日の放課後に開催された校内委員会では、重大な事案であることから早期の対応をとることが議論され、翌日にBさんへの指導を学年主任が行うことになりました。しかし、学年主任が多忙であったため、翌日・翌々日に至ってもBさんへの指導は行われませんで

した。

　Aさんへの家庭訪問から1週間後となる昼休み、AさんがDさんと話をしていると、そこにBさんが割り込んできたので、Aさんがそれを制止する発言をすると、BさんはAさんに悪口を言ってきました。Aさんも言い返しますが、この出来事を学級担任に伝えます。

　当日、学年主任は出張のため不在でした。そのため、Aさんの学級担任、学年の生徒指導担当教師、Bさんの学級担任で、Bさんを指導しました。そのことを、Bさんの家庭に連絡します。

　また、Aさんの家庭にも連絡を入れました。そこでは、Bさんに指導したこと、Bさんは反省しており、Bさん及びBさんの母親も謝罪したいと述べていることを伝えました。しかし、Aさんが謝罪を受け入れる気持ちではないことから、Bさんの謝罪については保留となりました。

　それ以降に、学年主任及び生徒指導主事によるBさんへの指導が行われます。そこでもBさんは反省している態度を示しました。

　本事案は再調査となっています。

　上記いじめ被害以外にもAさんは、再調査委員会宛の意見書において、学校に対する以下の申立てをしています。

- ●Aさんは、Bさんのいじめ等によるストレスを受ける中で登校し、教室に入るときなどに、学級担任がAさんの登校をことさら強調し、他の生徒に拍手をするように促したことで、視線恐怖や不安が高まり不登校傾向が強くなったこと。
- ●学校に行けなくなったことを家族旅行と説明したこと。
- ●Aさんが所属する生徒会活動において、教師が用意した原稿を読み上げるように指導され、そのとおり原稿をそのまま読み上げたところ、学年主任が原稿どおり読んでいるAさんに向かって心ない批判をしたことで、教師を信頼することができなくなったこと。
- ●また、部活動において、生徒会活動の影響で部活動の練習に遅れると、顧問の教師から嫌な態度をとられ、批判されたことでつらかったこと。部活動の練習に来ている外部講師からは厳しい指導を受け、強い口調で叱責されたこと。
- ●いじめアンケートに記名で情報提供したCさんのいじめ被害への対応のこと。

２．学校の対応についての検討

　本事案は再調査となっています。そのため、法第28条に基づく重大事態調査を原調査として位置付けていますが、ここでは再調査の結果を参照しながら学校対応の問題点について確認していくことにします。

（１）不登校傾向を示しているＡさんへの対応

　学級担任は、教育相談に関するベテラン教師です。学級経営では、Ａさんが登校したときは知らん顔や過剰な反応をするのではなくて、普通に接することを促し、みんなで温かく迎えるようにしていました。このため、Ａさんが来ると学級の生徒は嬉しくて「あー来た」という感じで拍手をしていました。また、学級担任による観察では、Ａさんは「みんなが拍手で出迎えた時はとても嬉しそうな表情」であると認識していました。そのことについて、学年主任も拍手で出迎える場面を見ており、「Ａさん自身が嫌そうな顔をしていなかったので、Ａさんはこういうふうにした方がいいのかなと思っていた」と語っています。しかし、再調査におけるヒアリングでは、「今考えると、そこはちゃんと顔色をもう少し読むべきだったと思います」と話しています。このことから、学級担任がＡさんを迎え入れるために意識してつくっていた教室の雰囲気は、Ａさんにとっては心理的負担になっていたと言えます。

　Ａさんが登校できなくなったとき、旅行に行っていると説明した件については、ＡさんがLINEで旅行先の写真を発信していたことから生徒の間で旅行の話が噂になっていたことが混在しており、そのような説明をした事実は認められませんでした。

　生徒会活動における学年主任の指導については、Ａさんだけにきつい指導をしたつもりはなく、Ａさんは学年主任をちゃんと見ていたので、落ち込んでいるというふうには読み取れなかったこと、部活動での外部講師の言動について、Ａさん以外にも「嫌な気持ちになった」部員がいたことを再調査では聴き取っています。このことについて、「一般的に生徒会活動や部活動では、厳しい指導がなされることもあるが、傷つきやすい子供が存在することを想定し、個々の生徒の心情に配慮した発言を心がけることが求められる」と注意喚起しています。

（２）学校のいじめ対応について

〔Ａさんが情報提供したＣさんのいじめ被害の対応〕

　Ａさんが情報提供したＣさんのいじめ被害の対応では、いじめアンケート実施後に学級

担任がＡさんに記載内容についての聴き取りを行い、聴き取った内容についてＣさんの学級担任に情報提供し、さらに学年主任に報告していました。Ｃさんの学級担任がＣさんに聴き取りを行った後、学年の教員間では、指導内容の共有がなされています。

　2学期初め頃、Ａさんは、「Ｃさんが悪口を言われているのを聞くと学校に行きたくない気持ちになる」と学級担任に話をしています。翌日、学級担任は職員朝礼でＡさんの情報を報告し、その日の午前中にＣさんの学級担任がＣさんへの聴き取りを行いました。その後、昼休みや放課後にも再度の聴き取りを行い、校内委員会でも協議をしていることから、Ｃさんのいじめ被害に関し、学校に求められる事実確認とその解消に向けて、学校はそのための取組を行っていたと考えられます。しかし、学校はその経過をＡさんに伝えていませんでした。そのことが、Ａさんに不信感をもたらしたと推察されます。

〔Ｂさんへの指導の遅れ〕

　Ａさんは、Ｂさんからの暴言を繰り返し受けたことで著しい精神的苦痛を受け、リストカットにまで発展する事態となりました。Ｂさんに対して、適切な指導が迅速になされていれば、Ａさんの被害が拡大することはなかったとの考えを示しています。

　このＢさんへの指導が遅れたことについて、学年主任は、「学校に来られない生徒が増えた時期と重なり、声をかける対象が多くなったことから指導を延期した」と証言しています。そのことについて学年主任は、「すぐに注意しなければいけなかったこと、タイミングが一歩遅くなったというのも反省点であること」、校長は、「当時、他の生徒の緊急を要する案件が立て続けに起こり、その対応に追われていたが、Ｂさんの指導については、失敗であったこと」を認めています。

> **ワンポイントアドバイス**
>
> 　いじめ問題に対しては、対応の迅速さと組織での対応が要求されます。学校は多忙を極める現場であるからこそ、緊急事態に備え、複数名で指導できるよう情報を共有して、指導体制を整えておくことが望まれます。

☑ **関連チェックリスト**　2－3　子供の「訴え」　➡　108ページ
3－1　早期対応　➡　120ページ

附属小学校のときのいじめが附属中学校進学後に
再発し日常化【不登校】

1．本事案の概要

　Aさん（大学附属中学校２年生、男子）は、附属小学校１年に在籍していた当時、同じ学級のBさん及びCさんから暴力を受けていました。そのため、Aさんが２年〜５年時は、Bさん・Cさんとは別学級にする配慮がなされました。しかし、６年時にAさんは、Bさん・Cさんと再び同じ学級となります。そこでは、AさんとBさん・Cさんとの間でトラブルとなることがたびたび見られました。

　附属中学校進学に当たり、Aさんと、Bさん・Cさんとを、同じ学級にしないようにという引継ぎがなされました。中学校では、Aさんは、Bさん・Cさんとは、別学級となりました。

　Aさんは、１年時１学期のいじめアンケートでは、「困っていることはない」と回答し、教育相談でも、「学校は楽しい」と話していました。

　しかし、その後、BさんがAさんに暴力行為を行います。ところが、学校では、この暴力行為について、双方への聴き取り内容を踏まえ、けんかとして処理されました。

　２学期になると、Aさんは、教員にBさん・Cさんから嫌がらせを受けるようになったと訴えます。これを受け、教員らがBさん・Cさんに指導を行い、それぞれの家庭に電話連絡をしました。

　２学期のいじめアンケートでは、Aさんは、「他の人が、いじめられているのを見たり聞いたりしたことがありますか」の項目に対して、「たまに冷やかされる」「からかわれる」「無視される」などと回答しました。１年生の間にAさんは、SCとの面談を計５回行っています。

　２年生に進級後の５月に実施された教育相談において、Aさんは、小学校のときからBさん・Cさんに嫌なことをされ続け、暴力を振るわれているなどと話した一方で、今はされていないと話します。

　しかしながら、その後、同月に、BさんはAさんに暴力行為を行います。これを目撃した教員に対し、Aさんは、「大丈夫です、いつものことなので」と話しました。

　６月のいじめアンケートで、Aさんは、「冷やかされたり、からかわれたりする」の項

目について「よくある」という選択肢を選んでいます。

　他方、「今、先生に困っていることや聞いてもらいたいことがあれば、書いてください」という自由記載欄に、「BさんとCさんのこと（前に話したこと）」と回答しています。

　教員らは、「前に話したこと」との記載があったことから、前月の教育相談で相談済みであると判断し、新たな対応を行いませんでした。

　2学期10月のいじめアンケートで、Aさんは、「たまに冷やかされる」「からかわれる」「無視される」などと回答しました。

　同月、CさんにけしかけられたBさんが、Aさんに暴力行為を行います。教員が、この一部を目撃して注意し、当日の放課後、Aさんから聴き取りを行いました。

　その翌日、Aさんは、授業は欠席しますが、SCとの面談のために学校を訪れました。その面談終了後、Aさんは、SCに促されて職員室を訪れ、職員室にいた教員が対応します。

　Aさんは、同教員に対し、Bさん・Cさんについて、これまでも肩を殴られることがあったことなどを訴えました。

　さらにその翌日、Aさんは登校しますが、相談室で過ごし、以降、2週間連続して欠席します。

　11月になってAさんは、3日間登校を再開しますが、その後は再び欠席し、この再度の欠席開始後、公立中学校へ転校することとなりました。

　中学校2年生の2学期に暴力行為を受けてから、この転校までの間に、Aさん側と学校側とは、電話によるものも含め、多くの協議及び面談を行いました。

　上記転校が決まった日と同日付の中学校名義の文書では、「本事案を、いじめ重大事態（不登校重大事態）と認定しない」等と記載されています。その理由は、以下のとおりです。

　「けが等の重大な身体への影響はない」「欠席日数が30日規定には到達していない」「保護者から本事案を重大事態と認定するような求めはない」「保護者と本人は、中学入学以来のいじめの日常性を学校に訴えているが、学校が把握する事実とは一致しない」「保護者は、自身が把握する内容を明確に示さないため日常的ないじめの事実を確認できない」等。

　しかし、外部委員による調査の結果、Aさんが転校を決意するに至るほどの数多くのいじめが、Bさん・Cさんから長期間にわたって続いていたことが認められています。

２．学校の対応についての検討

　中学校１年時のＢさんからの暴力行為を、学校はいじめ事案と捉えず、けんかとして処理しましたが、Ａさんの保護者は、当時の学級担任が家庭連絡した際に、小学校時代からＢさんやＣさんに様々な暴力的な言動を受けていたことを伝えており、小学校からの引継ぎ内容なども考慮していれば、事案の捉え方が違っていたかもしれません。また、Ａさんがスさん・Ｃさんに嫌がらせをされている場面を、教員が数回目撃しその都度指導をしていました。本事案における学校対応の問題点について、以下に述べていきます。

（１）学級担任や学年の教員は何もしてくれなかったと思わせた要因

　ＡさんがＢさん・Ｃさんから嫌がらせや、威圧的な言動、暴力を受けている現場を通りかかった教員は、Ａさんが明らかに嫌がっていると感じ、すぐに止めています。その後、教員はＡさんに声をかけますが「大丈夫です、いつものことなので」という返事がありました。これらのことから、教員は「いじめ」の日常化を疑う感覚が必要でした。

　このほか、Ａさんは、いじめアンケートにいじめ被害があると回答し、先生に困っていることや聞いてもらいたいこととして、「ＢさんとＣさんのこと（前に話したこと）」と記載していました。当時の学級担任及び学年団は、この回答に対していじめられているとの明確な回答がなかったことから、指導済み案件と判断して、新たな対応は行いませんでした。このことについて、Ａさんがどのような思いでアンケートに回答したかを慮る気持ちが学年団には弱かったこと、教員はいじめアンケートの回答に丁寧に対応することの重要性についての認識が低かったことが指摘されます。このような対応が、Ａさんに学級担任や学年の教員は何もしてくれなかったと思わせた要因となりました。

　なお、本中学校の学校基本方針には、「早期対応」として、安全確保、事実確認、指導・支援・助言、情報提供などが挙げられていますが、いずれも実効的に取り組まれることはありませんでした。

（２）学校のＡさんに対する重大事態以後の対応に関する問題

　Ａさんが中学２年時の２学期に、ＢさんがＡさんを蹴ろうとしている姿を、Ａさんの担任は廊下で見かけ、Ｂさんに注意をして止めました。Ｃさんもその場にいました。放課後、Ａさんからの聴き取りにより、いじめが発覚します。Ａさんからは、このままでは不安で登校できないとの訴えがありました。

　その後、Ａさんは学校対応への不安、Ｂさんと遭遇することへの不安などから教室に入

れず、相談室で過ごすこととなり、不登校が続きます。Aさんは30日弱欠席した後に、転校するに至りました。

　この事案発生以降の学校の対応に関しては、以下の課題が指摘できます。

①　学校は組織として重大な「いじめ」と認知していませんでした。

②　そのために、校内委員会が開催されず、記録もありません。

③　このような経過からは、校長及び学校経営に参画する教職員の危機意識が乏しく、日常的なリスクマネジメントが機能していないと指摘せざるを得ません。具体的には、「出席停止措置」等の適用も含めた取組方針について、具体的な検討がなされるべきでした。

④　すでに1学期には、BさんによるAさんへの暴力行為を学年生徒指導担当の教員が発見し、止めに入り声をかけています。このとき、「いじめが日常化しているのではないか」と捉える意識が必要でした。生徒の言動の中にSOSの訴えを読み取る感性、いじめの構造に気づく洞察力、全ての生徒を見捨てない姿勢と実践が教職員には求められますが、学校組織として発揮されることがありませんでした。

⑤　Bさん・Cさんに対する指導は困難な状況にあったことが窺われます。それゆえに、専門機関とも連携しながら、学校としてのクライシスマネジメントが必要でした。

　なお、学校は、保護者等からの期待の高さを背景として、一部の教員は研究会の準備期など時期によっては日付が変わっても校内で業務を行うなど、大変多忙な状況にありました。また、多発するBさん・Cさんによる問題事象への事後対応に追われ、その出口が見えない中で、夜遅くまで学年会議が開かれるなど、両生徒への対応で多くの教員が疲弊していました。それゆえに、チーム学校としての対応が一層必要だったと思われます。

ワンポイントアドバイス

　いじめ対応では何より「被害者」を守るという観点から、学校だけではもはや対処できない事態に陥っているのであれば、抱え込みを続けて更に状況を悪化させることなく、ためらわずに外部の関係専門機関と連携することが必要です。この判断について、管理職が速やかに行うことが求められます。

☑ 関連チェックリスト
　　2－3　子供の「訴え」　➡　108ページ

　　5－3　関係機関等との連携・協働　➡　156ページ

学校生活におけるいじめ相談への対応が
重大事態の芽に【不登校】

1．本事案の概要

　Aさん（中学校1年生、女子）の学級は、同じ小学校出身の生徒が大半を占めていましたが、Aさんは同じ小学校出身者とは距離をとっていました。Aさんは、同じ学級のBさん、Cさん、Dさんと親しくなり、入学当初は4名で仲良くしていました。しかし、1学期半ば頃より、Aさんは、Bさん・Cさんから陰口を言われるようになり、Aさんは、学級担任に「悪口を言われている」「こそこそ話をされている」と、二度ほど相談を行いました。その後、Aさんは、校内相談室を訪れ、学級の女子3名から「にらまれている」「陰口を言われる」ことを相談員に相談します。

　相談員は、学級担任にAさんからの相談内容を報告しました。そのことを受けて学級担任は、Aさんに関係生徒らとの話合いの場を設けることを提案しますが、AさんはBさんとの話合いのみ希望します。学級担任立ち合いの下、AさんとBさんが話し合い、その場は円満に終了しました。この話合い以降、AさんがBさん・Cさん・Dさんらと一緒に行動することはほとんどなくなります。それに代わり、Aさんは、Eさんと親しくなっていきます。

　その後、AさんはEさんと相談室を訪れて、Bさんとの話合いは納得のいくものではなかったこと、学級担任も苦手としており、言いたいことも怖くて言えなかったことを打ち明けています。Aさんから相談を受けた相談員は、傾聴に終始し、その後、学級担任と情報共有を行ったのみで終了しています。

　また、Aさんの学級のある授業では、授業開始直後に、学習活動の一環として、小学校から高校まで広く用いられているゲームが導入されていました。そのルールは、①全員が起立する、②教師が質問する、③回答したい人は挙手する、④正解した場合、その人を含めた縦列または横列の人は全員着席できる、⑤その後は、縦列か横列かを回答した生徒が選択、⑥最後の1人になるまで②から⑤を繰り返す、というものです。

　このゲームにおいてAさんは、ゲームの最後まで着席できないことが何度かありました。また、このゲーム中には野次や悪口が飛ぶこともありました。そのために、Aさんは最後まで残った際、机に突っ伏して泣くこともありました。このことからも、Aさんがこのゲー

ムに相当な心的負担を抱えていたことは明らかです。学習活動とはいえ、漫然とゲームを授業に取り入れ続けた指導は、Aさんに心身の苦痛を与えるものとなっていました。調査報告書は、このゲームでの出来事を「いじめ」と評価されるべきものであったとしています。

　なお、Aさんは、運動部に所属していました。その運動部は、毎日活動があり、週末の練習は、土曜日もしくは日曜日の午前中ですが、Aさんは習い事にも通っていたため、部活動を休みがちでした。しかし、部活動の大会には出場していました。部活動の欠席について、直接責められるようなことはありませんでしたが、悪口を言われることから、Aさんは徐々に部活動から遠のき、部活動への行きづらさから、2学期以降は全く部活動に参加しなくなりました。

　2学期に入ると、仲良くしていたEさんは、ほとんど登校しなくなっていたことから、Aさんは学級でも孤立しがちな状況にありました。また、Aさんにとって学級は安心安全な場所ではありませんでした。Aさんは、学校生活のストレスから、体調を崩して欠席することや、登校しても早退をしたり、体育を見学したりすることが多くなっていきます。

　このことに対して、Aさんは、学級の生徒から「ずる休み」「給食だけ食べに来た」等の悪口を言われることもあり、そのことを、学級担任に提出する生活ノートに記載し、女子生徒とのトラブルが続いていることを訴えています。

　しかしながら、学級担任は、Aさんが女子生徒らとの人間関係に思い悩んでいることを受け流していました。その後の生活ノートには、「死にたい」「死んだほうが全然いい」等、希死念慮が示唆される記載が見られますが、Aさんは2学期末頃から欠席することが増えたために、それらの記載を学級担任が目にすることはありませんでした。

　その他、2学期にはFさんによるAさんを対象とした新たなLINEいじめが発生します。その概要は次のとおりです。Aさんの同級生で構成されたLINEのグループに、Fさんが「Aさんをどう思う？？笑笑」というタイトルで、「好き」「普通」「嫌い」「(絵文字) ブー」という選択肢のLINEアンケートを投稿したことが、Aさんの知るところとなります。その後、学級担任はAさんの母親から、Aさんの欠席とLINEでいじめられていることを伝えられました。

　学級担任は、Aさんから事情を聴き取り、LINEアンケートをいじめと判断しました。その日のうちにFさんに対する事情の聴き取りと指導を行い、Fさんの母親にも報告しました。翌日には、Fさんとその母親、Aさんとその母親との「謝罪の場」を設定しました。

　Aさんは、2学期末頃から欠席が増え、3学期に数日登校したことを最後に、転校するまで欠席します。

２．学校の対応についての検討

　公表された調査報告書で明らかになった、当該中学校の教職員らのいじめ問題対応は、法の趣旨に沿ったものではありませんでした。第三者による調査委員会が調査を行った際、調査対象となった教職員らは一様に、本事案が重大事態であることに疑問を抱いており、Ａさんの転校は転居に伴う帰結との認識しか有していなかったことから、以下に述べる法認識の欠如が指摘されます。

（１）誰一人としてＡさんのSOSに気づくことができなかったこと

　Ａさんは、遅くとも１年時の１学期中頃から、周囲の悪口に悩まされるようになっており、その都度学級担任に相談をしていました。また、同時期に相談室においても、悪口を言われていること等の相談を行っています。さらに、１年時の２学期に入ると、運動部活動にも全く参加しなくなり、体調不良で保健室を訪れる機会も増えています。学級担任に提出する生活ノートにも人間関係に関する悩みが記載されていました。さらに教員の中には、Ａさんが校内で泣いている姿を目撃していた者が複数名いました。

　Ａさんは、不登校となってから自殺未遂をしています。そのことについて報告書では、多くの教職員がＡさんに関与していながら、法の定義に沿ったいじめ理解を欠き、いじめ認知の意識が乏しかったことが、Ａさんの希死念慮を高め、追い詰めた要因になっていることを示唆しています。

（２）当該中学校におけるいじめ対応に関する問題

　いじめが疑われる事態が生じた際、教職員らは、いじめたとされる生徒に対して事実確認をする方法をとっていました。この方法では、いじめ被害を申告した生徒に、加害生徒側からの怒りの矛先が向き、さらなるいじめに発展する危険性があるなど、いじめ対応に問題が見られます。

　このことについて、調査委員会による生徒への聴き取り調査では、いじめを受けたことがあると申告した生徒が複数名いました。そして、いじめを申告した生徒のうち何名かは教員に相談をしたところ、指導の場が設定されたことがありましたが、相談から指導まで間がなかったことから、かえって教員に「チクった」として報復されたとの話や、教員に相談しても問題が解決しないと判断し、そもそも相談しなかったという話が出ていました。

　また、学級担任は、Ａさんから悪口等の相談を受けた際、関係者との話合いの場を設けるか否かを確認し、Ａさん同意の下、話合いの場を設定しました。これは一見Ａさんの意

向に沿った解決をしているかに見えます。

　しかしながら、学級担任は悪口を「いじめ」と捉えておらず、友人関係の改善を図る目的で、話合いの機会を設けたにとどまっていました。結果的に、この対応がＡさんの学級担任に対する信頼を損ねることとなりました。

　なお、学級担任は、その後、Ａさんが元の仲良しグループに戻れなかったことを確認しています。しかし、学級担任は、話合いの結論をＡさんが拒否したこと、ＡさんはＥさんと仲良くなっていたことから人間関係トラブルは終了したものと捉えていたこと、Ａさんが相談に来なくなったことから問題は解決したと受け止めていたことが推察されます。

（3）ネットいじめに関する謝罪の場以降の見守りについて

　Ａさんが１年時の２学期初めに、ＦさんからのLINEによるネットいじめが発覚し、その日のうちに、Ｆさんに対する事情の聴き取りと指導がなされ、Ｆさんの母親にも報告をしました。翌日には、Ｆさんとその母親、Ａさんとその母親との「謝罪の場」が設定されました。しかし、Ａさんが、謝罪の機会を設けることを希望していたのかという意思確認は十分に行われていませんでした。その結果、Ａさんは、Ｆさんの母親もいる席で、泣きながら謝罪したＦさんを許すしかない状況に追い込まれました。なお、Ａさんの母親は仕事があったためにその場に参加していません。

　その後、中学校は、Ｆさんの母親からＦさんにLINEの使用を禁止したこと、Ａさんの自宅を訪問してＡさんの母親にも直接謝罪をしたことの報告を受けました。また、中学校では、Ａさんの学級とＦさんの学級は、使用しているフロアが異なることや、合同授業がなく、ＡさんとＦさんに校内での接点がないことから、いじめは解決したと判断しました。そして、教職員らは本来行われるべきその後の経過観察を行いませんでした。

> **ワンポイントアドバイス**
>
> 　いじめが重大事態化する要因には、学級経営及び校内組織の機能不全が挙げられます。Ａさんの心情に寄り添った対応がとられずに、形式的ないじめ対応に終始したことが学校への不信感を募らせることになりました。

☑ **関連チェックリスト**　　**2−3**　子供の「訴え」　➡　108ページ

　　　　　　　　　　　　　3−3　被害者の支援　➡　123ページ

法に基づく重大事態調査が不十分なため再調査に
【不登校】

1．本事案の概要

　Aさん（中学校1年生、女子）は、6月以降に不登校となりました。Aさん及びその母親から、いじめを受けていたとの訴えを受け、教育委員会を調査主体とする法に基づく調査を行い、調査報告書を作成します。しかし、その調査報告書について、Aさん及びその保護者の代理人から、首長宛に、法第30条第2項に基づく調査の申入れがありました。

　首長は、「調査等により、調査前には知り得なかった新しい重要な事実が判明しているが、それに対して十分な調査が尽くされていない」「調査事項等について、Aさん等との間で、事前に十分な確認がなされていない」として、ガイドラインの「再調査を行う必要があると考えられる場合」に該当するものと判断し、再調査が行われることになります。

　しかし、いじめ発生から、すでに1年以上経過していることから、記憶が判然としない関係者や、調査への協力を得られない関係者も複数名いたため、調査には自ずと限界がありました。

　このような経緯で実施された再調査の結果、Aさんが学校に行けなくなるまでにあった、以下の「いじめ」に該当する行為や、学校のいじめ対応に関する教職員らの言動の問題点が指摘されました。

　いじめ被害申立ての時点では、およそ30件のエピソードが提出されます。そのうち、次の4件の事実を「いじめ」と認定しました。

①　1学期半ば頃の教室で、Bさん・Cさん・Dさんから、中間テストの点数をしつこく聞かれます。Aさんが答えたくないと言っても、3名はしつこく聞いてきました。Bさん・Cさん・Dさんの3名は、休憩時間やトイレに行くとき等いつも行動をともにしていました。そのため、BさんとCさんがAさんの席まで嫌味を言いにやってくるときは、いつもDさんも一緒にその場にいました。BさんとCさんがAさんに対して嫌味を言い、Aさんが困惑したり、泣いたりするのを、Dさんはいつもニヤニヤ笑いながら側で見ています。Aさんは、BさんとCさんから与えられたのと同様の苦痛をDさんからも与えられていたことから、Dさんの行為も含めていじめに認定しています。

②　１学期半ばの保健室で、Ａさんは教師から動画共有アプリについて聞かれました。その教師によれば、当時の上級生からＡさんの動画共有アプリに関する情報提供があったとのことでした。Ａさんは、自身に関する虚偽の情報が上級生にまで広まっていることにショックを受けます。また、自分のいじめの訴えは取り合ってくれない一方で、出所不明の噂話については調査するという学校の姿勢にもショックを受けました。

③　１学期半ばに、Ｃさんは、学級の生徒をキャンプに誘っていました。Ａさんも誘われていたので、教室で、Ｅさんとキャンプの話をしていたら、横からＣさんが割って入って、Ａさんに対し、来なくてよい旨の発言をします。Ａさんがトイレに駆け込み泣いていると、上級生のＦさんが来てその様子を知り、１年生の教室に、Ａさんが泣いていることを知らせに行きました。Ａさんが泣きやんで、教室に戻り、席に着くと、Ｃさんが自分の席から、Ａさんがキャンプに来るなと言われたことで泣いていた行為を非難しました。この日以降、Ａさんは学校に行かなくなります。

④　Ａさんは中学校に入学以降、髪の毛について、学級の生徒や、廊下等で出会う上級生たちから「すごいね」「パンチパーマかけてるの」等、登下校時に汗をかいたりして髪の毛が広がったときなど常に言われ続けていました。

再調査では、上記「いじめ」以外にも、教職員の言動について検証されました。教職員が「いじめ」の主体たる「児童等」（法第２条第３項）ではないことから、その「いじめ」を認定することはできませんが、学校対応には、５点の問題があった可能性を否定できないと指摘しています。その概略を以下に挙げます。

● １学期初め頃、Ａさんのいじめの可能性を見過ごした。
● Ａさんの保護者は入学以来のいじめ被害を訴えたが、調査をしないと回答した。
● その頃、Ａさんの自宅に家庭訪問に来るなり、開口一番にＡさんを「うそつき」と言い、いじめ申告を虚偽であると言いたい様子であった。
● Ａさんが登校できなくなった頃、Ａさんの保護者は、いじめアンケート記入の件で学校に呼ばれた際、十分な調査を実施することもなく、「いじめはなかった」と述べる校長の態度に幻滅した。
● 不登校後、中学校から教材等も配布してもらえなかった。

2．法第28条に基づく重大事態調査の問題点

　再調査では、法第28条の重大事態調査に対して、次の問題点を指摘しています。まず、調査手法について、調査実施前の説明がないこと、先に学校側の説明を受けていること、調査の方法及び範囲が限定的であること。続いて調査委報告書について、記載内容について十分に確認をした形跡が窺えないこと、「いじめ」の有無について十分な検討をした形跡が窺えないこと、学校対応について具体的に調査した形跡が窺えないこと。それらを踏まえて、以下に、法第28条に基づき実施された本事案に関する重大事態調査の問題点を挙げていきます。

（1）ガイドラインに基づいていない調査であったこと

　重大事態認定以後、当初は中学校が主体となり調査を実施しました。しかし、Ａさん等の代理人から、第三者による調査の要望があり、新たに調査委員会が設置されました。重大事態調査を開始するに当たり、ガイドラインは、調査実施前に、被害児童生徒及び保護者等に対して、①調査の目的・目標、②調査主体、③調査時期・期間、④調査事項、⑤調査方法、⑥調査結果の提供について説明することを求めています。しかし、本事案における調査委員会は、ガイドラインに示されている6事項の説明をしていませんでした。

　また、調査委員会は、Ａさん等からの聴取前に中学校からの説明を受けていることが確認されています。このことについては、2つの問題があります。

　まず、いじめ重大事態調査では、被害側が訴える具体的なエピソードの有無を調査して事実認定し、その事実がいじめに該当するかの評価を行います。そのため調査では、調査対象と時期を明確にすることが必要となり、Ａさん等からの訴えを確認することから調査を始めることが求められています。

　次に、調査委員会が、Ａさん等からの聴取前に、学校や関係者からの聴き取りを行った場合、事案に対する先入観をもってしまい判断を誤るリスク、Ａさん等の訴えを予断なく聴き取ることに影響を与える可能性があります。何よりも、調査対象となる学校や関係者から事前の情報収集をすることは、ガイドラインに示されている、被害側に寄り添うことを困難にする方法であると言えます。これらのことから、調査委員会がＡさん等からの聴取前に中学校から説明を受けたことは、適切ではありませんでした。

（2）調査手法及び調査報告書の内容について

　法第28条第1項には、アンケート調査等の「質問票の使用」による調査は、特に重要

な手法であるとの立法意思の下に、敢えて明記されています。その背景には、「質問票の使用については、事案の当事者である児童等のみならず傍観者的な児童等を含め全ての児童等を対象とし得るものであり、過去の実際の事件の対処に際しても重要な意義を担ったこと等が報告されている」ことがあります。そのようなアンケート調査の重要性を踏まえると、次の問題点が指摘されます。まず、アンケート調査の実施が遅れたために、時間の経過により関係者の記憶が曖昧になっていた点です。次に、全校生徒対象のアンケート項目が漠然とした内容になっていたことから、より具体的な内容のアンケートを再度実施するなどの工夫が必要であった点です。

　その他にも、調査の経過については、適宜、被害生徒側に情報提供するなどして被害生徒側との「信頼関係を構築すること」が求められていますが、本事案ではＡさん等と調査委員会との意思疎通は、望ましい状況ではなかったとされています。そのようないくつもの不備が指摘されている調査報告書について、再調査に当たった検証委員会は、「個別の内容の是非を検証するのではなく、その作成経過や表現方法等の外形部分からうかがわれる点を検証の対象とすることとした」とし、検証した結果を述べています。

　検証結果の要点は、「記載内容について十分に確認をした形跡がうかがえない」ことにあります。調査報告書は、「学校は全教職員で本件を共有し、多くの目で見守る体制をとっていた」と記していますが、検証の結果、中学校のいじめ対応に関わる事実認定をした記載は、不適切であったと断定しています。また、「十分に確認をした形跡がうかがえないにもかかわらず、あたかも確定した事実であるかのように記載した調査委の対応は、不適切であったと言わざるを得ない」と断定し、重大事態調査の問題点を指摘しています。

ワンポイントアドバイス

　　学校は、いじめの基本的対応についてガイドラインを精読し、組織的に徹底して対応すること、いじめ被害や、いじめ被害疑いの段階で、被害生徒及びその保護者との信頼関係を築くことに留意したいじめ対応をとることが必要です。そのためには、被害生徒側から信用を得ることが不可欠となります。

☑ 関連チェックリスト　　4－2　重大事態の調査　➡　139ページ
　　　　　　　　　　　　4－4　重大事態調査の課題　➡　141ページ

「日常の子ども同士のじゃれあい程度のもの」から重大事態に【不登校】

１．本事案の概要

　Ａさん（中学校２年生、男子）は、１年時の１学期に、Ｂさんから暴力行為を受けました。その経緯は、Ａさんは、Ｂさんから、日常的にちょっかい（からかい）を受けており、暴力行為を受けた当日、ＢさんがＡさんに寄りかかろうとしたため、互いに罵り合うこととなり、ＡさんのＢさんへの発言に端を発し、殴り合いのけんかに至ったものです。

　その後の教員による指導の中で、Ｂさんは、Ａさんを殴ったこと、日頃からからかいをしていることがきっかけであることを認めています。一方、Ａさんも不用意な発言等を悪いことと認識し、当日、相互に謝罪をしています。

　その後も、Ａさんはクラスメイトから以下のようなバッシングをされます。

　〈Ａさんは、体育の授業後にＣさんから「体が重たい」と言われる。Ａさんがウェブサイトに投稿している動画をＤさんはからかい、加えて、Ｅさんを主としてＣさん・Ｄさん・Ｆさんが、Ａさんの嫌がるあだ名で呼ぶ。理科の授業時にＡさんは、Ｆさんから勉強のことでばかにされる。〉

　２学期になると、Ｇさんは昼食時にＡさんが席を外した頃を見図らい、机や椅子の下にＡさんの弁当を隠し、Ａさんが探し出すのを見てから弁当を出すなどのふざけた行為をするようになります。

　また、２学期半ばを過ぎた頃の放課後、Ｈさんが遊ぶために持ってきていたペットボトルのキャップで、Ｇさん・Ｉさん・Ｊさんとともに４名で投げ合って遊んでいました。Ａさんは寄附をするためにペットボトルのキャップを集める係であったことから、放課後に４名のクラスメイトが遊んでいる様子を見て、「必要のないものは学校に持ってきてはいけない」と思い、Ｋ教員に確認したところ、「取ってきていい」と言われたことから、取りに行きました。そのとき、ＧさんはＡさんに「寄附のためではなくＨさんのだよ」と伝え、遊んでいた生徒４名はＡさんに渡さないように投げ合い、隠したりしました。最終的には、Ａさんが怒って回収するということがありました。

　年が明け、３学期になると、Ａさんは体調不良、通院による遅刻のほか、欠席が目立つようになり、登校渋りが見られるようになりました。２月以降は、登校が困難となり、不

登校となります。

　Aさんが不登校状態になって以降、学校は、Aさんと関わりのあった生徒やSCなどと協力しながら、Aさんの登校につなげるために、電話連絡及び家庭訪問を重ねます。しかし、Aさんとの面会は叶いませんでした。

　Aさんが2年生に進級した4月、学級担任は、Aさんの自宅を訪問した際、一度だけトイレのドア越しにAさんと会話することができました。

　5月の大型連休明けにAさんは心療内科を受診します。それを機に、Aさんは両親に対し、学校に行けない理由を話しました。それは、1年生のときに同じクラスの何人かの男子からからかわれたこと、Bさんとの関係のことなどが不登校の原因である旨の話でした。

　このことにより、保護者は、学校に対して、いじめによる被害の申立てを行い、重大事態としての調査を要望します。これを受け、学校では、関係生徒の聴き取り調査を行うとともに、校内ケース会議での対応策の検討、Aさんの保護者との面談が進められます。

　他方、Aさんは、調査が始まった頃から夏休みにかけて、インターネット上に不登校の原因となった生徒の名前と報復的な内容の書き込みを行うようになります。これについては、Aさんの保護者や少年サポートセンター職員の指導により、その都度書き込みが削除され、その後は、Aさんのアカウント自体も削除されました。

　なお、Aさんが在籍する学校は、大学の教育学部附属学校であったことから、大学の教育学部附属学校の「いじめ防止等のための基本方針と施策」に基づき学校問題等対策本部が設置され、学長にいじめが疑われる重大事態発生の報告がされました。それを受けた学長は、法第28条第1項に規定する重大事態が発生した旨、法第29条第1項の規定に基づき、2学期初めに文部科学大臣に報告します。また、学長の諮問により設置された「いじめ問題調査委員会」において、本事案の調査が進められました。

　現在、Aさんは、自ら選択したオンラインでの参加が可能なフリースクールでの学習に精力的に取り組んでおり、原籍校の管理職がフリースクールに定期的に学習状況の確認を行うなど連携しながらAさんの支援をしています。

２．学校の対応についての検討

　本事案は、当初、ＡさんとＢさんによる互いの口論と、Ａさんの不用意な発言を契機として発生した〈けんか〉、クラスの生徒らとの関わりにおいて、様々ないじめの態様が見られます。いじめが重大事態化する背景には、学校側の対応や判断の適切性に要因があると思われますので、以下に検討していきます。

（１）初動体制について

　本事案は、Ａさんが１年時の３学期に、保護者と学級担任との電話連絡において、Ｂさんとの〈けんか〉とＡさんの登校渋りとの因果関係が疑われること、欠席日数の累計が30日を超えたことから、１年時３月の時点で重大事態として対応することが可能でした。遅くとも、Ａさんが２年時の５月には、保護者からの申立て文書が提出されたことをもって、重大事態調査を開始しなければならなかったと考えられます。しかし、学校主体の調査結果では「じゃれあい程度のものしか出てこなかった」との認識にとどまり、この認識が、重大事態発生報告の遅れの大きな原因になりました。

（２）事実確認のための学校主体の聴き取り方法について

　学校主体で実施された、関係生徒に対する聴き取り調査では、「Ａさんが学校に来ることができない理由について思い当たることはないか」と尋ねており、その結果として「日常の子ども同士のじゃれあい程度のもの」としか把握できませんでした。基本方針には「けんかやふざけ合いであっても、見えない所で被害が発生している場合もあるため、背景にある事情の調査を行い、児童生徒の感じる被害性に着目」と記述されており、聴き取りの進め方、質問内容、項目が適切であったとは言えない聴き取り調査でした。

（３）学校内の支援体制について

　学校の人的体制に限りがあることから、いじめ問題の初動対応に際しては、事案の収拾・解決に導くためのコーディネーター等、人的体制の充足が必要となります。本事案では、学校と設置者である大学との事案対応に向けた関係性、具体的な業務分担、協力の体制などが、明確になっていませんでした。

（４）いじめ防止等のための学校の取組について

　学校は、学習指導と生徒指導の機能を両輪として学校教育目標の達成を目指しますが、

そこには、おもいやり、やさしさ、自律、他者への気遣いや尊重などの豊かな人間性を高めていくことが求められています。そして、そのような視点から、学校として、いじめ防止のための取組が十分であったのかを検証するための自己点検・自己評価が必要となります。ここで大切なことは、法を正しく理解し、基本方針に沿った適切な対応を行う点に尽きます。

　本事案では、いじめの認知と、重大事態の判断の時期について遅れがあったと指摘されています。また、Ａさんによる二次的な問題行動への対応に主軸が置かれたために、「被害者を守り通す」という方針が伝わりにくい状況でした。関係機関等との連携に基づいて組織的な対応をすることがますます重要になっています。

（5）重大事態の報告について

　本件が重大事態に至る経過をたどると、１年時の１学期のＢさんとの殴り合いまで遡ります。この情報が、学校の設置者である学長に報告されたのは、Ａさんが２年時の２学期初め頃でした。法第23条第２項では、いじめの事実の有無の確認を行うための措置、その結果を学校の設置者に速やかに報告することが求められています。

　この間、当該校は、学校基本方針に基づき校内委員会を中心に、外部機関である児童相談所、少年サポートセンター、大学教育学部内に設置された関係組織と連携して対応に尽力していました。しかしながら、事案発生から相当な期日が経過してから重大事態の報告をしたことは、ガバナンス上の課題として改善が求められる点です。

> **ワンポイントアドバイス**
>
> 　いじめ対応では、被害を訴える児童生徒への理解を深めるために、言葉尻には表れない感情をつかむことが大切です。そのことが被害意識をもつ児童生徒に寄り添う姿勢を伝え、信頼関係をつくる第一歩となります。

☑ **関連チェックリスト**
1−1　いじめの認知　➡　92ページ
4−1　重大事態の把握　➡　138ページ
5−3　関係機関等との連携・協働　➡　156ページ

❸　高等学校の事例

事例17

いじめ重大事態が認定されるが加害者不明
【心身の不調】

１．本事案の概要

　Ａさん（高校１年生、女子）は、２学期の初め頃に、校内においていじめを受けていることに気づき、ホームルーム担任に次の被害事実を訴えます。

- ●教室の机の中等にティッシュを丸めたものを混入される。
- ●刃物と思われるようなものでグラウンドシューズを切られる。
- ●体育用帽子、制服の上着、学用品及び学習課題がなくなる。

　高校は、Ａさんの見守りの強化、いじめアンケート調査の実施等を行い、Ａさんの支援や被害の防止に努めていましたが、その後も、Ａさんの歯ブラシがなくなる等の被害が続きます。

　10月には、Ａさんが教室に置いていたバッグにティッシュが混入されるという事態が発生します。このときＡさんは、友人にバッグの中身を確認してもらう等、いじめの態様に関する事実確認をしていますが、加害者に心当たりがなく不明なために、精神的に不安定な状態になりました。

　この事案の２日後、Ａさんの父親は、高校に対して本事案に対する学校対応についての手紙と、Ａさんが受診した病院からの意見書及び診断書を提出します。高校の校長は、事案の４日後に、Ａさんの父親から提出された病院からの意見書及び診断書を確認し、校内で発生しているいじめ事案が関係していることを認識しました。

　このことを受けて、高校はいじめ重大事態調査に着手します。調査委員は、学校主体で以下のとおり構成されました。

　校長、教頭、生徒支援部主任、生徒指導主事、SC、教務主任、各学年主任（３名）、学校評議員、PTA会長、県教委。

　調査時期は半年間、調査方法は以下の３点です。

① 　Ａさんからの被害状況等の聴き取り調査
② 　全校「いじめ・悩み調査」の実施及び調査を踏まえた生徒への聴き取り調査の実施
③ 　関係職員からの聴き取り調査の実施

　しかしながら、調査主体が学校であることも影響し、加害生徒が特定されないなど調査に関する様々な課題が生じ、そのことをＡさんの父親から指摘されることとなります。

　このことについては、調査報告書（3月）が完成した後、Ａさんの父親が保護者所見を提出したことを受けて、高校は、本事案における報告書の修正版（5月）を作成しました。それに対しても、Ａさんの父親はあらためて保護者所見を提出しています。

　まず、3月にＡさんの父親が作成した所見の内容を確認します。その所見は全5ページ、要望5点から構成され、以下の見出しがつけられています。

① 報告書全文と本所見及び添付書類を編集することなく、全て公表することを要望する。

② 今後、発生する「もの隠し等のいじめ対応」については、具体的なことは何も挙げられていない。具体的な対応を示していただきたい。

③ 学校側の都合のよいように、事実を変えて報告している。あるいは、事実を報告していない。事実を正確に報告していただきたい。

④ （※筆者注：マスキング部分が多く示す内容は不明ですが、「とは何なのか具体的に示していただきたい。」とあります。）

⑤ （略）学校長は、いじめと認識した時期について「（略）判断は間違っていなかった」と明言している。今でも、その判断は間違っていなかったと思っているのか否か確認したい。

　上記要望には、Ａさんの父親が調査自体に大きな不信感を抱いていることが表れています。所見によれば、調査主体が高校であり、調査内容には納得していないこと、加害生徒が不明なことから「管理職の不適切な対応」について調査してほしいことが示されています。

　その後、5月に調査報告書（修正版）が作成されますが、それに対してＡさんの父親は2通目の所見で以下のように所信を述べています。

　「●県いじめ防止基本方針●●には、『いじめの防止等のための組織を中核として、校長の強力なリーダーシップの下』と明記されている。ところが、令和●年度●●高校学校長は、その対極にあったと言える。リーダーシップどころかリーダーとしての自覚も欠如していると言わざるを得ない。そのことが重大事態を招いた最大の要因である」

２．学校の対応についての検討

　Aさんのいじめについて、加害生徒の特定に向けて努力がなされたにもかかわらず、特定するには至りませんでした。そのことで当該高校教員が思考停止状態になっていたのではないかと調査報告書（修正版）では分析されています。

　また、高校は事案の認知後、学校として組織的かつ迅速に学年集会の実施や、県教委への報告、関係機関との連携を行うことをしませんでした。

　このことについて、専門家（警察・医療機関）への支援要請及び効果的な連携がなされていれば、Aさんの被害拡大防止や、心身の不調を訴えることなく学校生活を過ごすことができたのではないかと推察されています。

　何よりも、高校側は被害を受けたAさんに寄り添う視点が欠如していた点が強く指摘されています。

（１）加害生徒が特定できない場合の対応について

　報告書（修正版）では、管理職や教育委員会の責務について検討し、それを踏まえた再発防止策が７点にわたり示されています。ここでは、そのうちの「加害生徒が特定できない場合の対応について」を、紹介します（下線は筆者加筆）。

　① 　学校は、校長のリーダーシップの下、早期に校内委員会を開催して、情報の共有と対応に係る方向性について確認を行う。

　② 　必要に応じて早期に医療機関や福祉機関等の外部専門機関と連携し、調査及び事実の精査等も含め対応を継続する。

　③ 　当該生徒及び保護者に対し、事案に係る報告に加え、早期に県児童生徒支援課及び警察等の関係機関と連携して対応を協議していく。

　④ 　県教委と密接な連携を図り、校内委員会の内容に関する報告や相談を定期的に行う。

　⑤ 　教室出入口及び教室前廊下の個人ロッカーに鍵を付けるとともに、廊下等に防犯カメラを設置する。

　以上、学校主体で重大事態調査を行い、調査報告書にまとめられています。半面、重大事態調査では、学校主体の調査と、設置者主体の調査を比較すると、公正・中立性、専門性等、同じ水準とまでは言えないように思います。どのように報告書の質を保証していくのかが新たな課題になります。

（2）保護者所見に記された学校の対応に対する評価

　Aさんの父親は、いじめ認知後の高校の対応について、以下のように述べています。

　まず、3月の所見では、報告書に掲載している内容は、「文科省や県のいじめ防止基本方針にすでに書かれていることであり、今更書くことでもない」「対応策にはならないことは娘の事案が証明している」「いじめ事案が全て学校側の視点で作成されている。あまりにも相手意識が欠如している。あまりにも鈍感である。報告書を目にするのは、保護者なのだ。そうであるならば、『保護者の視点』で作成するべきである」としています。

　続いて、5月の報告書では、父親から以下の発言があったことが記述されています。「私が知りたいのは、『いじめの事実関係』ではありません。もう十分把握しています。それは娘も同じです。今更調査しても何も新しいことは分かるはずもありません。また、分かりたいとは思いません。それより、再発防止です。（中略）再発防止のための調査として必要なのは、『学校長を含む管理職のいじめ対応』です。それ以外の調査は不要です」。その上で、5月の所見では次のように記されています。

　「誤解がないように書いておく。私は担任や同学年の先生方、保健室の先生方等々、娘に関わってくださった先生方には本当に感謝している。（略）娘や私達を苦しませたのは、『いじめ問題に無関心ないじめ対策委員長』と『形だけの●●高校いじめ対策』である」。

　ここでは、個人の責任を問うよりも組織としての在り方が厳しく問われており、責任者である校長に向けた所信であることが窺えます。

　本事案では、いじめ加害者が特定されていない（事実認定及び評価等が不十分）ですが、いじめ被害側の家族が求めている思いの一端を知ることができます。この点において、類似する事案に資する知見があると思います。

> **ワンポイントアドバイス**
>
> 　学校主体の重大事態調査は教職員への負担が大きく、報告書作成では特定の教職員に過度な負担がかかります。基本方針では「22条組織に第三者を加える」ことを推奨していることから、専門家等を調査委員に加えることが必要です。

✓ 関連チェックリスト　　3-3　被害者の支援　➡　123ページ

4-2　重大事態の調査　➡　139ページ

中学校の未解消いじめが
高校におけるいじめに継続【不登校】

1．本事案の概要

　Aさん（高校1年生、女子）は、中学1年生から2年生の時期に、所属する部活動の同級生からいじめを受けていました。中学校卒業後に進学した高校でも、入学間もない時期から、いじめを受け、学校に訴えます。しかし、夏休み明け以降は不登校となり、その後、進路変更（転校）に至りました。

（1）中学校のときに受けていたいじめについて

　Bさん（同級生、女子）は、1年生のときはAさんと違う学級でしたが、所属する部活動が一緒でした。

　Bさんは、中学1年時の5月頃から、その年度末である3月頃まで、朝練後に、Aさんに荷物を持たせ、げた箱の上履きを出させて下靴をしまわせて、荷物をBさんの教室まで持たせていました。

　また、Bさんは、1年生の7月頃から2年生の6月頃まで、週に2～4回くらい、Aさんに、「一緒に帰ろう」と言い、Aさんが自転車を持って来るか、自転車の鍵を開けるのを待って、「自転車貸して」と言って乗って行くことが常でした。Aさんは、普段、他の自転車通学の生徒と帰っており、Bさんは徒歩通学であったため、Bさんが自転車に乗って行ってしまうと、Aさんは、走って追いかけるしかない状態でした。Bさんは、Aさんとの自宅の分かれ道となるコンビニエンスストアで待ち、Aさんに自転車を返し、別れていましたが、雨が降っているときは、そのままBさんの自宅まで自転車に乗って行くことがありました。

　また、Bさんは、1年生の頃、Aさんとすれ違う際に、お腹を殴ったり、頭頂部をたたいたりしました。部活動において、Bさんは、1年生であった6月頃から、Aさんの弁当を確認し、食べたいものがあると勝手に食べ、半分くらいなくなることもありました。

　その他、Bさんは、Aさんのサポーターとソックスのスタイルを見て悪口を言ったり、複数回、Aさんが持っていたボールを「ちょうだい」と言って持って行ったりするなどのいじめを繰り返していました。

2年生に進級すると、Aさんは、Bさんと同じクラスになります。

Bさんは、国語の授業中、Aさんの教科書を無断で借用したため、Aさんがワークを進められなかったこともありました。また、Bさんは、何度か、Aさんのペンを無断で使用することもありました。

Cさん（同級生、同じ部活動、女子）は、Aさんと仲が良かった部員ら4名でパス練習を行うことがありました。しかし、AさんとCさんは、Aさんと仲が良かった生徒を取り合うような場面がありました。このCさんは、Aさんと同じ高校に進学しています。

（2）高校でのいじめについて

Aさんは、学校見学時の体験が良かったことから、本事案の高校を選びました。

Aさんと同じ中学校からは、Cさんを含む何名かの生徒が同じ高校に入学することになりました。そこに別の中学校から進学してきたDさんとEさんが、「一緒にいよう」などと声をかけてきたため、同じグループになります。同グループでは、気の強いメンバーが「一軍」と呼ばれ、Cさん・Dさん・Eさんは「一軍」の人でした。

5月上旬、Aさんが父親に対し、「学校を変わりたい」と泣いて訴えたため、Aさんの父親が、その旨を高校に伝えました。Aさんが受けていた具体的ないじめは、以下のようなものでした。

Dさんは、入学当初から、Aさんを含む同じ中学校出身者やEさんとともに、JRを利用して高校に通学していました。入学後間もない時期は、同じグループの生徒が、Aさんに「席空いてるよ」と声をかけますが、Aさんは、「いいよ」と言って立っていました。その後、Aさんが立っていても席を空けることがなくなり、しばらくすると、Dさんは、Aさんが立っていても、途中の駅から乗ってくるEさんの席のみを取るようになりました。

Eさんは、Aさんと同じクラスで、ロッカーが隣接していました。Eさんは、5月頃から7月頃まで、次の授業の準備などの際に、Aさんが近くにいると、「ちょっと持ってて」などと言って、複数回、AさんにEさんの荷物を渡して持たせました。

1学期、教師との面談後のAさんは、いじめ行為を受けていたグループから離れて、別の生徒と一緒に過ごすようになります。しかし、夏休み明け以降、欠席が増え、10月には転校希望を示し、年末に転校します。

２．学校・教育委員会の対応についての検討

　本事案は、Ａさんが高校を転校後に、Ａさんの父親からの要望を受けて、重大事態に係る調査委員会が設置され、調査が行われました。報告書によれば、５月にＡさんの父親からの連絡を受けたことで、担任を中心にＡさんから聴き取りを行ったこと、Ａさんが、「一軍」に知られたくない、聞いてもらうだけで少し気持ちが落ち着くと話したため、１年生全体、クラス全体への指導という形で、いじめ対応をとることはしませんでした。

（１）高校のいじめ対応について

　Ａさんの転校翌月早々、Ａさんの父親から高校に対して重大事態調査の申入れがあったことにより、高校の校内委員会による関係者への聴き取りが行われます。

　高校は、県教委にこれまでの経緯を報告し、今後の対応について相談します。県教委からの助言を受けた後、Ａさんの出身中学校校長が、高校校長を訪問し、中学校時のいじめの対応について話をします。それを踏まえ、高校校長、教頭は市教委を訪問して、いじめの内容や対応についての話を聞き、高校においていじめの事実の調査を行うことを報告し、県へも報告します。

　３月以降、高校の校内委員会では関係生徒らへの聴き取りを行うとともに、教員及び生徒を対象としたアンケートを実施するなど法に基づいた調査を進めた結果、高校におけるいじめを認知するとともに、「重大事態」と認定、県教委へ報告し、第三者を含めた調査委員会を設置しました。

　Ｄさん・Ｅさんの行為について、Ａさんはグループ内で自身に対する扱いに差がある、見下されていると感じ、精神的苦痛を訴えていました。加えて、Ａさんは、中学校においていじめを受けていた経緯から、友人関係において、扱いに差をつけられ、見下されていると感じる状況であれば、心身の苦痛を感じるものと言えることから、いずれもいじめに該当するとしました。

　なお、高校の対応の問題点として、①いじめの認知及び初期対応に不備が認められること、②校内委員会は、情報共有を主としており、対応は一部の教師に任せるなど組織的対応に欠けていたこと、③中学校等との早期の連携が図られていないこと、④Ａさんの進路変更への対応では、いじめとの関連性を意識して慎重に判断すべきであったことが指摘されました。

（2）中学校及び市教委等の対応について

　本事案では、Ａさんが中学校時に受けたいじめの影響により、多くの関係機関とつながっていたことが明らかになります。ここでは、まず、中学校の問題点について整理します。

　Ａさんのいじめは、中学1年時の5月から継続していましたが、中学2年時の4月にＡさんの父親からの申出があるまで認知されませんでした。また、部活動顧問に対し、部活動内の出来事について相談しやすい体制の整備がなされていませんでした。さらに、Ａさんの進学に当たり、中学校におけるいじめの内容や、ＣさんとＡさんを別の学級にしてもらいたい旨を高校に伝えましたが、その引継ぎは詳細さに欠けるものでした。

　次に、市教委の対応の問題点について整理すると以下の点が挙げられます。

　重大事態として対応しませんでした。調査委員会によるいじめ事実の調査が高校進学後となったことで、関係者の記憶の風化、資料の収集の点において調査が困難になりました。調査委員会の資料提供の依頼に対し、高校進学後の不登校に関しては、中学校のいじめとの因果関係が薄いなど、独自の見解を述べて重大事態調査に非協力的な態度でした。

　続いて、県教委の問題点についても以下のとおり挙げられています。

　機会がありながら、市教委への助言や指導等を行いませんでした。高校の校内委員会による調査や、調査委員会の調査において、市教委に対し協力依頼を行うなど、資料収集等に協力する働きかけを行うなどの支援をするべきでした。

　報告書によればＡさんの申立ては全面的に認められています。このことから、中学校時のいじめは、重大事態とすべきであったにもかかわらず、重大事態としての対応がとられませんでした。このように、法を遵守した対応をとらなかったことにより、Ａさん及び父親の心理的負荷を増大させる結果になったと言えます。

> **ワンポイントアドバイス**
>
> 　重大事態に係る調査委員会の人選では、次の点に注意しましょう。まず心理や福祉等の専門家を加えること、次に弁護士などの外部委員を調査委員とすることです。これにより、円滑に法に基づいた調査をすることが可能となります。

☑ **関連チェックリスト**　　**4−1**　重大事態の把握　➡　138ページ

　　　　　　　　　　　　　5−4　設置者等との連携・協働　➡　157ページ

事例19
法の定義とは異なる視点でいじめの有無を判断
【不登校】

1．本事案の概要

Aさん（高校2年生、男子）は、学校不適応状態にあり、2年生進級後の初日は放課後登校、翌日はショートホームルームに参加した後、早退しました。週末をはさみ登校した月曜日の昼休みに、Aさんは同級生のBさん（他のクラス）から、冷やかしやからかいなど悪口を言われるいじめを受けます。

当日の夜、Aさんは友人と数名で地元の祭りに出かけましたが、翌日から1週間欠席しました。その後、Aさんは、中間試験等に数日登校しましたが、休みがちとなります。

欠席した初日の朝、Aさんの母親は、Aさんが登校できないのは、クラスの生徒から誹謗中傷されているためである旨をホームルーム担任に伝えます。そのことを踏まえ、学年主任とホームルーム担任は、Aさんの自宅に家庭訪問をしました。しかし、Aさんには会えず、母親のみの応答となりました。

翌日も続けてホームルーム担任によるAさんの自宅への家庭訪問が行われます。その日は、Aさんが玄関に出てきますが、事情を話すことはありませんでした。代わりに、父親が応答しました。

その翌日、Aさんの欠席は続きますが、Aさんの保護者より、2年生1学期始業後のいじめが原因で学校に行けなくなったとの訴えが出されます。

同日、Bさんのホームルーム担任と学年主任が、Bさんへの聴き取りを行い、Aさんとのトラブルについての詳細を把握します。

いじめが発生してから1週間経過した4月中頃、Aさんの母親が来校し、教頭、学年主任、ホームルーム担任が対応します。そこでは、Bさんとの話合いや、必要に応じて謝罪の場を設定すること、別室登校での学習により履修を認めることを視野に入れて検討していることが説明されます。

なお、Aさんの母親は、いじめの有無について、医療情報提供書である医療機関の診療記録に記載されたAさんに発症した心身の症状は、上記昼休みのBさんの行為が影響していると考えられることから、医師の指示に従い対応してほしいこと、別室登校も単位として認めることなどを要求しました。

　他方、高校はＡさんの中学校での様子を確認するために、市教委から情報を収集するとともに、県教委にも報告を行います。

　その翌日、Ａさんは遅刻で登校してきました。それから数日後にホームルーム担任が家庭訪問を行い、Ａさんへの聴き取りを行いました。

　また、校内委員会では、Ａさん、Ｂさん、両者の言い分を聞くとともに、周りの生徒の情報収集が必要であること、保護者対応を慎重に行うことが協議され、全教職員に共通理解されました。

　その数日後、教頭と、Ａさん、Ｂさんの共通の知人であるＣさんのホームルーム担任が、Ｃさんへの聴き取りを行います。Ｃさんはいじめとは認識していないと話しました。

　翌日、Ａさんの母親が来校します。学校は、Ａさんへの学習支援の説明と、SSWが本事案に介入することを説明しました。

　翌週（４月下旬）、Ａさんは登校し、別室で学習に取り組みます。しかし、その頃から登校が困難となり、Ａさんに対するSSWからの聴き取りも中止となりました。

　５月の連休中、Ａさんは友人宅に遊びに行くなど、たびたび外出していました。連休明けには、Ａさんは登校しています。その際、指導主事とSSWによるＡさんへの聴き取りが実施されています。

　連休後に開催された校内委員会では、Ａさんの支援を優先して対応していくことが確認され、登校してきたＡさんは、考査を別室で受験します。

　その頃（上記いじめ発生の１か月後）になると、ＡさんとＢさんは、同じ小学校出身であり、小学校時代から仲が良かったこともあり、関係が改善しているように見えました。

　このために高校は、その時点で開催された校内委員会において、今回の件を「いじめ」事案として扱い、Ｂさんを指導することは適切ではないとし、翌日に学年主任がＡさんとＢさんを呼び出して、当日をもって「この件は終わりとする」としました。このことは、高校が「いじめとは認知しない」と決定したことを意味します。

　５月末頃、Ａさんは昼休みに登校し、別室で課題学習に取り組みます。高校は、これまでのＡさんの不登校期間について、別に補習などを行い履修を保証する方向で対応していました。

　しかし、Ａさんは１学期半ば頃より登校しなくなり、２学期半ば頃、転校しました。

２．学校の対応についての検討

　本事案は再調査となりました。調査報告書では、高校の対応について、校内委員会は開催されているものの、資料及び議事録等が残されていないことなど、運営上の問題があったとされています。その他にも多くの問題点が指摘されていますので、以下に整理します。

（1）事案発生後の対応について

　いじめ行為発生の翌日にＡさんが欠席したことについて、Ａさんの保護者からの連絡で、他の生徒から悪口を言われたとの情報が伝えられたことを受けて、ホームルーム担任等が家庭訪問をするなどの高校の対応が行われています。数日後には、Ａさんの保護者からＡさんの聴き取り内容について連絡を受けたことや、Ｂさんの聴き取り結果を受けて、Ａさんの保護者に説明を行い、その後、県教委の助言を受け、高校は「いじめ認知報告書」を県教委に提出しています。

　Ａさんの欠席後の対応として、早期の着手がなされている点については一定の評価はできるものの、事案の発生後、短い間隔で事態が大きく動いているにもかかわらず、それに応じた校内委員会が開催されていません。本来であれば、適宜委員会を開催し、家庭訪問等の対応で得られた新たな情報を踏まえ、組織的に適切に判断、対応するべきでした。

　また、本来残すべき記録が残されておらず、このため、十分な検討と適切な対応がなされていたのかどうかを確認できないことは問題と言わざるを得ないとされています。さらに、関係機関や専門機関との連携について、高校の校内委員会は、教員に養護教諭を加えた構成でした。これだけで、心理、福祉に関する知識を有する者で構成されていると言えるか疑問であり、SC等の外部専門家の活用が十分であるかについて課題が指摘されています。

（2）重大事態発生の報告、調査等

　本事案において高校は、早期に認知報告書を提出していながら、重大事態であるという認識には至りませんでした。また、県教委は、高校の報告をそのまま受け止め、重大事態との認識もなく、高校に指示を行ってきました。

　いじめの有無の判断と事案に対する措置について、高校から県教委宛に提出された「Ａさんの不登校に関する経過について（報告）」において、高校の見解は、「いじめ案件としては認知しない」と判断しています。特に、ＡさんとＢさんはすでに和解し、一緒に帰宅するなど以前の関係に戻っていると考え、この状態でいじめの認知及び謝罪や指導を行う

ことは、かえってＡさんの精神状態や人間関係を損なう可能性が高いと判断しました。しかしながら、Ａさんの主治医の診療記録に基づく検証も行わないまま、安易になされた高校の判断に妥当性はなく、問題があったと考えられています。

　また、再調査において、本事案に関する一切の資料の提出を求めていますが、一度の請求で全ての資料が出されることはなく、何度かの請求に対し、そのたびごとに追加で資料が提出されました。加えて、資料の中には、保護者の文書開示請求において不存在として非開示決定がされたものもあり、事案ごとの資料の文書管理が適切になされていなかったと言えます。ガイドラインにおいて、資料について最低５年間は保管することが望ましいとされていることにも反するものと考えられます。

（３）Ａさんの不登校への対応

　不登校への対応は、まず学校に行くことができない状況の背景を理解し、そのことに対する不安を払拭すること等により、Ａさんが登校できるよう取り組むことが必要です。しかし、高校では、Ａさんの不登校が「いじめ」によるものとの認識ではなく、それ以外の要因が強いとの見方を示すなど、Ａさんの不安を払拭するような対応について検討が行われた形跡は確認できませんでした。登校に向けた対応としては、教員による対応だけでなく、SC等の専門家による対応を検討し、早期に適切な対応を行う必要があります。

　また、Ａさんの保護者が求める手続のうち、学校において事故があった場合の日本スポーツ振興センターの給付金に係るものは、請求期限があるため早急な手続が必要であり、ガイドラインにおいても、「その申請は、保護者に丁寧に説明を行った上で手続を進めること」とされています。高校が手続を進めなかった点は、問題として挙げられています。

ワンポイントアドバイス

　　重大事態調査において法に基づいた十分な調査を進めるためには、人間関係など法の定義にない基準でいじめの認知を行ってはいけません。調査委員会に専門家を加え、コンサルテーションの場を設けることが重要となります。

☑ 関連チェックリスト

1－1　いじめの認知 ➡ 92ページ

1－4　基本方針・組織体制 ➡ 95ページ

4－1　重大事態の把握 ➡ 138ページ

事例20
ネットトラブルによる心身の苦痛から希死念慮が高まる【自死】

1．本事案の概要

　Aさん（高校2年生、女子）は、高校1年生のときに、Bさん（当時同じ高校の3年生、男子）と交際を始めます。2人は交際後まもなく、相互にSNSで使用しているアプリのパスワードを交換してお互いのアカウントにログインできる状態にしました。それからしばらくすると、AさんはBさんと別れたいと思うようになりますが、諸事情から別れにくいと感じていました。

　このような気持ちを抱いていたAさんは、非公開の裏アカウントに様々なことを書き込みますが、その内容を見られるのは数名の友人に限定されていました。

　高校1年時の終業式後、AさんがBさんに送った画像を、BさんがAさんに断りなくインターネット上に発信したことで、2人はけんか状態になります。そのとき、BさんがAさんの公開アカウントに、Aさんから教わったパスワードを使ってログインしたところ、Aさんが自分の公開アカウントで裏アカウントをフォローしていたためAさんの裏アカウントを見ることができるようになってしまいます。しかし、Aさんは、そのことに気づきませんでした。

　Bさんは、Aさんの裏アカウントの内容を知り、Aさんに裏切られたという気持ちを抱きます。その結果、Bさんは自分から別れを切り出すより、Aさんが別れたいと言い出すように仕向けることを考え、Bさんの妹のCさん（同じ高校に在籍）に、Bさんの浮気を疑わせる書き込みを依頼します。Cさんはそれを受けて、Bさんが別の女性と出かけたという、うその内容を2回書き込みます。

　これを見たAさんは、別れたいという意向をBさんに伝え、Bさんはそれを承諾しました。その後、Cさんは自分が投稿したBさんの浮気を疑わせる情報はうそであり、Aさんを試すためのものであったことをSNS上に発信しました。

　この書き込みを受け、Aさんは自分の裏アカウントでCさんを非難する書き込みをしますが、この時点においても、BさんがAさんの裏アカウントを見ていることには気づきませんでした。Cさんは、Aさんの裏アカウントでの書き込みをBさんから知られ、その報復として、Aさんが裏アカウントで書いている内容をさらした上で、Aさんを追い詰め

る内容をSNS上に発信しました。

　Aさんは、Cさんが自分の裏アカウントの内容を知っていること、その内容の一部をSNSに書き込まれたことにショックを受けます。

　また、そのことでパニック状態となり、自宅から外出できない状況になりました。不眠状態となり、摂食障害になる等、家族が目を離せない状況になります。

　春休みにAさんの保護者が、当時のホームルーム担任に電話をし、アカウントを乗っ取られており、何をされるか分からないということについて相談すると、不正アクセスについては警察に相談するように勧められました。

　Aさん及び保護者は、その日のうちに警察に相談しますが、警察では、AさんがBさんにパスワードを教えてしまったため事件性がないという話で終わりました。

　翌日にもAさんの保護者はホームルーム担任と電話で話をします。転校に関する話題も出され、学校で相談の場を設けることをホームルーム担任は伝えました。

　その翌日、Aさんとその保護者が来校し、教頭、学年主任、生徒指導主任が相談に応じました。そこでは、Aさんが「学校に行きたくない、消えたい」と言っていること、Aさんが、Bさんにパスワードを教えてしまったために、裏アカウントで書き込んでいた内容を拡散されてしまったこと、本事案について、Aさんはいじめとは認識していないこと、Cさんに対する指導について、Aさんはその指導を希望しておらず、そっとしておいてほしいことが話されました。

　なお、Aさんは当初転校を考えている様子が見られたため、学校は転校についての情報提供をします。その後、Aさんは転校の意向が強くなりました。春休み中に、Aさんは友人に対し、記憶から自分を消してほしい、別の高校へ行くかもしれないと伝えています。

　新年度になり、Aさんは始業式を欠席しますが、翌日は登校します。その日の午後に、数人で遊んだ際、Aさんは、「学校に行ったらみんなの自分を見る目が違っていた」と涙ながらに話しており、自宅に帰った後も、家族に同様の話をしています。これ以降、Aさんは学校を欠席します。

　数日後、Aさんは一人でどこか高いところにいたようで、その場所から、複数の友人に泣きながら電話をしています。

　翌日、Aさんは自室において自死状態で家族に発見され、病院に救急搬送されますが、同日死亡が確認されました。

２．学校の対応についての検討

　本事案は、不適切なネットへの書き込みにより、Ａさんが精神的に追い詰められた末、自ら命を絶つという痛ましい事故に至りました。学校はあらゆる機会を通してネットリテラシーに関する教育を推進することが重要ですが、いじめ対応の視点で見たとき、高校には以下の問題点が指摘できます。

（１）いじめに対する学校の初期対応について

　Ａさん及び保護者は、春休みに一連のネットトラブルについて、学校に相談しています。しかし、学校がＡさん本人に対して、いじめの有無を確認したところ、Ａさん本人が「いじめではない」「ネットトラブルも終わりつつあるので、Ｃさんに指導しなくてよい」「そっとしておいてほしい」と発言したことから、高校がいじめ対応をとることは難しい状況でした。しかし、Ｃさんの行為は法の定義に照らし合わせ、いじめと認定できる行為です。

　Ａさんがいじめではないと表明していたとしても、法に基づいた対応が求められた事案でした。また、ガイドラインには「いじめの事案で被害児童生徒が学校を退学した場合又はいじめの事案で被害児童生徒が転校した場合は、退学・転校に至るほど精神的に苦痛を受けていたということであるため、生命心身財産重大事態に該当することが十分に考えられ、適切に対応を行う必要がある」と記載されています。Ａさんが、ネットトラブルを機に転校を考えていたことから、その時点で重大事態に該当する可能性も考慮して、高校は対応する必要があったと考えられます。

　なお、Ｂさんについては、高校卒業をもって学籍はなくなるため、直接的な指導ができなかったことについてはある程度理解できます。しかし、Ｃさん及びその保護者を通じて、本トラブルを解消するために、Ｂさんへ何らかのアプローチをするということは可能であったと考えられます。

（２）年度替わりにおける学校の対応について

　本事案は、ほぼ学年末休業及び春季休業中における出来事でした。この期間、授業はなく、部活動等以外では生徒は登校しない時期です。また、年度替わりのため学校教職員の人事異動等も重なる時期でした。本事案の高校では、管理職の入れ替わりがあり、またＡさんの旧ホームルーム担任も進級することに伴い交替しています。

　このように、年度が改まりホームルーム担任や学年の教員が交替したことに加え、Ａさんはいずれ転校予定と認識されていたことから、Ａさんが登校したときにも、Ａさんに対

する組織的対応はとられませんでした。それ以前の春休みの状況を見ても、学校とＡさん及びその保護者間で、今後を含めた相談を十分にした様子は窺えませんでした。Ａさんは、家庭でもあまり話をしない状態だったことから、相談は不十分だったと考えられますが、長期休業中にどのように対応すればよかったのかということは検討すべき課題です。

（3）自殺予防教育について

　厚生労働省の「令和５年版自殺対策白書」によれば、「人口動態統計」の令和３年の年齢階級別にみた死因は、10 ～ 39歳（男女計）の全年齢階級で第１位が「自殺」でした。「10 ～ 14歳」の「自殺」は、全死亡の約29%を占め、第１位となっています。また、15 ～ 29歳では、「自殺」による死亡が全死亡の50%以上を占め、「不慮の事故」や「悪性新生物」による死亡を大きく上回っています。

　Ａさんが誰かに「死にたい」ということを相談したことは確認されていません。しかし、Ａさんは事故前日までに周囲の友人たちに対して、少なからずサインを発していたと考えることができます。

　文部科学省が作成した「子供に伝えたい自殺予防（学校における自殺予防教育導入の手引)」（2014年７月）では、自殺予防に関して、危機に直面した際の援助希求能力を高めることや、友人の危機に遭遇した際に一人で抱えず信頼できる大人につなぐことの重要性が示されています。学校には、文部科学省及び厚生労働省から発出された「児童生徒の自殺予防に向けた困難な事態、強い心理的負担を受けた場合等における対処の仕方を身に付ける等のための教育の推進について（通知)」（2018年１月）に基づく予防教育が求められています。

> **ワンポイントアドバイス**
>
> 　学校には、弱音を吐くと叱咤激励する文化があります。しかし、弱音を吐いても大丈夫という安心感（心理的安全性）が学校には求められます。生徒の表面だけでなく、内面理解を深めるために心理の専門家からのコンサルテーションを得ることも大切な支援につながります。

☑ 関連チェックリスト　　1-1　いじめの認知　➡　92ページ
　　　　　　　　　　　　　1-3　発達支持的・課題予防的取組　➡　94ページ

第2部

チェックリストで学ぶ

「いじめ対応」

いじめの未然防止

■ チェックリスト

1-1 いじめの認知

＊「いじめの認知」が正しいものには○を、誤っているものには×をつけてください。

	チェック項目	○・×
①	Ａ男は思いを寄せていたＢ子に交際を求めたが、「あなたと付き合うつもりはない」と断られショックを受けた。Ｂ子にＡ男を傷つける意図はなかったので、「いじめ」と認知はしなかった。	
②	Ａ子が算数の問題が解けずに悩んでいたところ、隣の席のＢ男が解答を教えた。Ａ子は自分で解くつもりだったので泣き出してしまった。Ｂ男の行為は親切心からだったが、「いじめ」と認知した。	
③	Ａ男にからかわれたＢ男はＡ男に殴りかかり、その後双方がほぼ同じ程度殴り合った。「けんか」なので「いじめ」の認知はしなかった。	
④	プロレスごっこをしているＡ男とＢ男に担任が声をかけると、２人とも「遊びだよ」と答えた。担任はＡ男がいつも技をかけられてばかりでつらそうにしている場面も見ていたが、「いじめ」と認知はしなかった。	
⑤	Ａ男の保護者から「うちの子がＢ男にいじめられている」との訴えを受け、Ａ男から事情を聞いたところ「いじめられていない。学校は楽しい。母の気にしすぎ」と答えたので、「いじめ」と認知しなかった。	
⑥	アンケートに「Ｂ男に嫌なことをされる」と書いたＡ男に事情を聞いたところ、「嫌なんだけど、Ｂ男には話さないで。親にも内緒にして」と答えたので、「いじめ」とは認知しないで様子を見ることにした。	
⑦	Ａ男から「別の中学校に通うＢ男に塾でいじめられている」との訴えがあったが、同じ中学校に在籍していないことから「いじめ」と認知しなかった。	
⑧	PTA主催の「プール開放」でＡ子がＢ子から頭を押さえられ沈められそうになったが、管理下の出来事ではなく、一過性のことだったので、「いじめ」とは認知しなかった。	
⑨	Ｂ男は同じクラスのＡ子につきまとうような行動がしばしば見られ、Ａ子はいじめの被害を訴えたが、Ｂ男は発達障害の診断を受けていたので、その特性の表れと判断し「いじめ」とは認知しなかった。	
⑩	Ａ男が「Ｂ男、Ｃ男、Ｄ男からいじめられる」と訴えたが、この４人は「仲良しグループ」だったので、「いじめ」とは認知しなかった。	

1−2 いじめの件数

＊認知件数のカウントの仕方が正しいものには○を、誤っているものには×をつけてください。

	チェック項目	○・×
①	A男の父親から「A男が、B男とC男から暴力を振るわれ、D男からはお金を脅し取られた」との訴えがあった。校内委員会はこの事案を「いじめ3件」と教育委員会に報告することにした。	
②	A子から「B子とC子に2回ずつ悪口を言われ、D子からは3回にらまれた」との訴えがあり、B子、C子、D子はその事実を認めたため、この案件は「いじめ7件」と記録した。	
③	いじめ認知件数の報告を求められた担任は、A男が受けた「授業中のからかい」「軽くぶつかられる」「悪口を言われる」をいじめと捉え、生徒指導主事に「3件」と報告した。	
④	アンケートでA子が「いじめを受けた」と回答した。担任が面談すると「同じグループの3人からされる『ドッキリ』という悪ふざけが嫌でたまらなかった」と訴えたが、「今はいつもどおり仲良くしている」と話したので、いじめにカウントしなかった。	
⑤	年3回実施のアンケートで、A男は第1回「B男、C男、D男から」、第2回「E男、F男から」、第3回「G男から」それぞれ「いじめを受けた」と記載し、その都度面談で確認した。この年度のいじめ認知数には、A男へのいじめ6件が含まれる。	
⑥	定期アンケートに、A男は「B男、C男、D男、E男からいじめを受けている」と、B男、C男、D男、E男は「A男からいじめを受けている」と記載した。校内委員会では次のような担任からの報告を受け、「A男によるB男・C男・D男・E男へのいじめ4件」を認知した。 (1) A男は暴力傾向があり言動も粗暴で、B男、C男、D男、E男はA男から使い走りのように扱われ、ときに暴力を受けることもあった。 (2) 暴力については、A男は保護者とともに指導を受け、謝罪している。 (3) その後もA男の威圧的な態度が続いたため、B男、C男、D男、E男は、A男を嫌がって距離をとるようになった。 (4) これをA男は無視されていると感じ、いじめられていると主張した。 (5) B男、C男、D男、E男は、A男と一緒にいるのを怖がっている。	

1-3 発達支持的・課題予防的取組

＊いじめの発達支持的・課題予防的取組について述べた次の文章が正しい場合は○を、誤りがある場合は×をつけてください。

	チェック項目	○・×
①	法では、学校及び学校の教職員にはいじめの未然防止・早期発見・対処の責務があると定められている。	
②	いじめを行わない児童生徒を育むため、基本方針では「いじめに立ち向かう」態度・能力の育成を掲げている。	
③	法では、豊かな情操、道徳心、規範意識を育てることが、いじめの防止に資するとし、全ての教育活動を通じた道徳教育及び体験活動等の充実を図るよう、学校に義務付けている。	
④	校内委員会は、いじめの防止等に関する措置を実効的に行う役割を担っている。全教育活動を通したいじめ防止等の指導の充実を目指した年間指導計画の作成も大切な業務の一つである。	
⑤	保護者は子の教育について第一義的責任を有するので、その保護する児童等がいじめを行うことのないよう指導する責務と、学校等が講ずるいじめの防止のための措置に協力する法的責務を負っている。	
⑥	いじめ防止につながる発達支持的生徒指導は、児童生徒の人権意識を高める指導を中心に展開すべきであり、市民社会のルールにまで踏み込む必要はない。	
⑦	いじめを受けている児童生徒が、周囲の者に訴えることができるようにするには、援助希求力を身に付ける指導を行うとともに、「弱音を吐いても大丈夫」という学級風土を醸成することが大切である。	
⑧	教職員の不適切な認識や言動が、児童生徒を傷つけたり、他の児童生徒によるいじめを助長させることがある。この場合、教職員が懲戒処分を受けることがある。	
⑨	いじめは誰にでも起こりうるし、特定の児童生徒への配慮は不公平な扱いになるので、特段の配慮をする必要はない。	
⑩	いじめのある学級では、「被害者・加害者・観衆・傍観者」という４層構造がしばしば見受けられる。この場合、いじめが重大化することのないよう、担任は「傍観者」を厳しく指導しなければならない。	

1-4 基本方針・組織体制

＊次のような学校の対応が適切な場合は○を、不適切な場合は×をつけてください。

	チェック項目	○・×
①	生徒指導全体計画の中で「いじめの防止」について詳細に触れているので、あらためて「学校いじめ防止基本方針」を策定する必要はないと考え、策定していない。	
②	学校基本方針は、教育委員会から示されたひな型に従って策定されるので、市内の学校は「組織構成」以外はほとんど同じ内容となっている。	
③	学校基本方針はホームページに掲載することで、児童生徒、保護者、関係機関等に周知を図っているので、これ以上の取組を行う必要はない。	
④	いじめ防止等の対策を行う組織をあらためて立ち上げず、生徒指導部が構成を変えずにこの役割を担っている。生徒指導上の様々な情報が集約されるので、効率的なやり方と評価している。	
⑤	法では、「いじめ対策主任」の設置が義務付けられているので、生徒指導主事が兼任している。	
⑥	校内委員会は、機動性を重視し、日常的には校長、教頭、生徒指導主事で組織し情報収集・分析に当たり、いじめが認知されたときにはその他必要なメンバーを加えた「緊急全体会議」を開催している。	
⑦	校内委員会は、いじめに係る問題が発生したときに活動する委員会なので、年間を通して開催することはせず、いじめが認知されたときにだけ開催することにしている。	
⑧	会議の記録は毎回担当者を決めてきちんと残し、個人情報の保護に留意し、組織に属さない教職員が閲覧できるようにしている。また、保存期間を5年間と定めた。	
⑨	校内委員会に学校外の専門家等を入れると、機動的な動きがとれなくなるおそれがあったり、守秘義務などに関する制度を整備したりしなければならなくなるので、教職員のみで組織している。	
⑩	重大事態の調査を学校主体で実施する場合、校内委員会が中核となって行うことになっている。	

■ 解答と解説

1－1　いじめの認知　解答と解説

①	✕	いじめの認知は、「心身の苦痛を感じている」という被害者の主観的な判断に依拠しています。「ショックを受けた」点を重視します。
②	○	「いじめの認知について」（文部科学省、2016年10月）にある事例です。「好意から行ったが意図せず相手を傷つけた場合」も「いじめ」として認知するよう求めています。
③	✕	当初の基本方針では「けんかは除く」となっていましたが、改定の折「児童生徒の感じる被害性」に着目して判断するとされ、「同量かつ同質の実行行為」でも「いじめ」と認知することが多くなりました。
④	✕	「いじめの認知は、特定の教職員のみによることなく、法第22条の学校いじめ対策組織を活用して行」います（基本方針）。また、一方の心身に苦痛を与えているので、「いじめ」に該当すると解します。
⑤	○	慎重な判断が必要です。本事例では、丁寧な聴き取りを行ってもなお、本人が否定しているので認知しません。重大事態の場合は、保護者から申立てがあったときは、「重大事態が発生」したものとして対処することになっています。
⑥	✕	「心身の苦痛」の表明があり、面談でもそのことは否定していないので、「いじめ」と認知します。
⑦	✕	「一定の人間関係」は、「学校の内外を問わず（略）塾やスポーツクラブ等当該児童生徒が関わっている仲間や集団（グループ）など、当該児童生徒と何らかの人的関係を指す」と説明されています（基本方針）。
⑧	✕	法第3条には「学校の内外を問わずいじめが行われなくなるようにする」とあります。定義にも発生時の規定はありません。また、「継続性」は「いじめ認知の要件」にはありません。
⑨	✕	一定の人間関係（同じクラス）・行為（つきまとう行為）・心身の苦痛（被害の訴え）という「いじめ認知の3要件」がそろっているので認知します。B男への指導は「支援」の視点が特に大切です。
⑩	✕	同一集団内でのいじめは、「強制加入型」「拘束型」「飼育型」「包摂型」などと呼ばれ、見過ごされることがあるので注意が必要です。重篤化するおそれがあるので早急な対応が求められます。

1−2 いじめの件数　解答と解説

①	×	「いじめを受けた児童生徒ごとに1件」として数えます。同一の児童生徒が異なる時期に別の児童生徒からいじめを受けていても「1件」と計上します。
②	×	統計上は、「いじめの認知件数」はいじめを受けた児童生徒の実人数で、いじめ行為の回数の総和ではありません。
③	×	認知件数は「いじめの態様」別にカウントするものではありません。被害者に注目して、AがB、C、Dからいじめを受けたら1件、E、F、Gの3人がHからいじめを受けたら3件と数えます。
④	×	A子はアンケートに「いじめを受けた」と答え、面談でも「嫌でたまらなかった」と答えているので、いじめ認知の3要件を満たしており、いじめ1件と認知できます。「解消した事案」であっても、調査期間（同一年度）内で発生したものはカウントします。
⑤	×	地方公共団体間・学校間の認知数に大きなバラツキが生じる最大の原因と考えられるのが、アンケート結果の年度内集計を「その年度の認知総数」として計上することです。「いじめを受けた児童生徒の実人数」は、このケースでは1件です。
⑥	○	この事例は、「平成26年度『児童生徒の問題行動等生徒指導上の諸問題に関する調査』の一部見直しについて（依頼）」（文部科学省通知、2015年8月）の別添2に示された事例の一つです。研修会等で参加者に件数を問うと、多様な解答が寄せられます。 B男、C男、D男、E男は、A男から使い走りのように扱われ、暴力も受けているわけですから、この4名に対するいじめ4件は異論のないところでしょう。別添2では「4件と報告する」を正解としています。 しかし、この解答には疑問の声が上がることがしばしばあります。A男がアンケートで「4人にいじめられている」と訴えている点です。いじめの認知を被害児童生徒の主観的判断に依拠している法体系からすれば、「B男、C男、D男、E男からのA男へのいじめも1件とカウントすべき」との見解です。

1−3 発達支持的・課題予防的取組 解答と解説

①	○	法第8条には、(1) いじめの防止、(2) いじめの早期発見、(3) いじめへの対処について「責務を有する」と明記されています。
②	×	基本方針では、「いじめに向かわない態度・能力」と表記しています。ただし、援助希求力の向上や「仲裁者」の育成等を考えると、「いじめに立ち向かう」との視点も必要となるでしょう。
③	×	法第15条第1項では、「豊かな情操」「道徳心」「心の通う対人交流の能力の素地」が挙げられています。多様性を認め合い互いの尊厳を守り通す心情を育み、相互支援のできる集団をつくることが大切です。
④	○	校内委員会は、「いじめの防止等に関する措置を実効的に行うため」に設置されます(法第22条)。いじめへの対処だけでなく、学校基本方針に基づく年間指導計画の作成は重要な役割です。
⑤	×	法第9条には保護者の責務が定められていますが、「子への指導」(第1項)も「学校等への協力」(第3項)も、「努めるものとする」という努力義務となっています。
⑥	×	「生徒指導提要(改訂版)」には、「児童生徒が人権意識を高め、共生的な社会の一員として市民性を身に付けるような働きかけを日常の教育活動を通して行うことが、いじめ防止につながる発達支持的生徒指導と考えることができ」るとあります。
⑦	○	援助希求力の向上のためには、(1)「困った、助けて」と言葉に出せる個人の能力だけでなく、(2) 言葉を発することができる集団の雰囲気、(3) それを受け止める体制(教師の姿勢等)が必要です。
⑧	○	教職員のいじめの放置・助長・加担の事案では、その内容が悪質である場合に、「免職」又は「停職」の処分が下される可能性があります。
⑨	×	基本方針には、発達障害を含む障害のある児童生徒等を例示し、「特性を踏まえた適切な支援、保護者との連携、周囲の児童生徒への指導」の必要性が述べられています。
⑩	×	傍観者が「相談者」「仲裁者」となれるよう、厳しく指導するのではなく、担任は「いじめは絶対許さない」という確固たる姿勢を示し、「いじめを許さない学級風土」づくりに徹することが大切です。

1−4 基本方針・組織体制 解答と解説

①	×	法第13条には次のように明記されています。 「学校は、いじめ防止基本方針又は地方いじめ防止基本方針を参酌し、その学校の実情に応じ、当該学校におけるいじめの防止等のための対策に関する基本的な方針を定めるものとする。」
②	×	国や地方公共団体の基本方針を「参酌」しなければなりませんが、「学校の実情に応じ」て策定することが義務付けられています。教職員が主体的に策定に参画することが重要です。
③	×	基本方針では「入学時・各年度の開始時に児童生徒、保護者、関係機関等に説明する」よう求めています。なお、連携を図ることが予想される関係機関等には直接手渡し、協力を依頼することも大切です。
④	×	法第22条は、「組織を置くものとする」と表記されているので、既存の組織の活用も可能ですが、法・基本方針では、必要に応じて、構成員に外部専門家等を加えるよう求めています。
⑤	×	法の策定に当たって、「いじめ対策主任」の設置は議論になりましたが、義務化は見送られました。
⑥	○	全体会は月1回の開催が求められます。機動性を重視するには、TMT（トップマネジメントチーム）が日常業務を担い、全体会（定例会・臨時会）の折には全メンバーが参画する体制が有効です。
⑦	×	この組織は「学校におけるいじめの防止等に関する措置を実効的に行う」役割を担います。未然防止策等を計画的に行う必要があります。
⑧	○	会議の記録は正確に残し、一定期間保存する必要があります。個人情報保護に留意し、全教職員が情報共有できるシステムを構築することは非常に重要です。
⑨	×	法・基本方針ともに、教職員以外の外部の専門家等を構成員とすることを求めています。構成員全員の会議と日常的な教職員の会議とに役割分担することで、機動的な運用が可能になります。
⑩	○	基本方針では、「この組織を母体としつつ、当該事案の性質に応じて適切な専門家を加えるなどの方法」を例示しています。

「未然防止」のナレッジマネジメント

 1 ## 「いじめの定義」の正しい理解
　　　⇒ 被害者の心理的事実を最優先する

（1）いじめの定義

　法（第2条）では、「いじめ」を次のように定義しています（下線は筆者加筆）。

> 児童等に対して、当該児童等が在籍する学校に在籍している等当該児童等と<u>一定の人的関係にある他の児童等が行う心理的又は物理的な影響を与える行為</u>（インターネットを通じて行われるものを含む。）であって、当該行為の対象となった児童等が<u>心身の苦痛を感じているもの</u>

　この定義に対し、①社会通念と乖離している、②広く捉えすぎる、③被害者感情に依拠しすぎている等の批判の声が上がっています。確かに、「いじめる意図のないいじめ」や「好意の行為からのいじめ」に直面したときに感じることがあります。子供を置き去りにした「大人の最悪の利害の相克」が繰り広げられるさまを目の当たりにしたときは、「子供の最善の利益の保障」を実現するには現行の「定義」に問題があることを痛感することもあります。

　しかし、「今の定義」を超える「新たな定義」の策定は難しいと感じます。心理的事実（児童生徒の気持ち）を最優先することは、生徒指導の基本原則です。客観的事実（心理的又は物理的な影響を与える行為）の見極めは二の次です。まずは<u>**「心理的事実（心身の苦痛）に耳を傾け、しっかり受け止める」**</u>。この姿勢こそ「いじめ対応」の第一歩です。

（2）「いじめ」の認知

　定義では、「一定の人的関係のある児童等の間で行われる」「心理的又は物理的な影響を与える行為により」「心身の苦痛を感じている」という3要件が示されていますが、いじめの認知は「いじめを受ける児童生徒の主観的判断」に依拠しています。「児童等の尊厳

の保持」という大きな目的を達成するためには、積極的な認知が求められます。

　いじめの認知をめぐっては、いまだに定義の無理解や解釈の過ちが散見されます。ナレッジマネジメント（同じ過ちを繰り返さない）のポイントについて共通理解し、正確な認知に努めることが大切です。

「いじめ認知」のナレッジマネジメント〈例〉

◎教員一人の判断➡いじめの認知は学校組織を活用して行う

◎「けんか」と判断➡いじめと認知することを要しない「けんか」は極めて限定的とされている

◎本人の否定➡丁寧に聴き取り、心身の苦痛を受けたと考えられる行為があったときは認知する

◎加害者が他校生➡同じ塾・スポーツクラブ等に通う場合は「人的関係」があると判断される

◎管理外の出来事➡いじめ発生場所が管理下・管理外であるかは問わない

◎好意からの行為➡「心身の苦痛」を感じていれば「いじめ」と認知する

◎仲良し同士➡人間関係は判断基準にない

2　いじめ件数の正確な把握
　　⇒ 被害者数を計上する

（1）いじめの積極的な認知の広がり

　いじめの認知数の多寡によって、教育委員会・学校・学級等のいじめ問題への取組の意欲・能力が評価されるものではありません。このような認識の広がりとともに、いじめを積極的に認知する意識が高まってきました。この結果、いじめの早期発見や重大化阻止に成果を上げる学校が多くなりました。

　都道府県別の「いじめの認知件数（千人当たり）」（表1）で、年度別の最大値と最小値を見ても、かつては80倍以上の開きがあった年度もありましたが、ここ数年は10倍程度に縮小しました。しかし、いまだにいじめ件数が正確に報告されない事例を散見します。実態把握は対応策の策定に影響します。急ぎ、認知件数の正しい把握の徹底を図る必要があります。

表1　都道府県別「いじめの認知件数（千人当たり）」

年度	2001	2002	2003	2004	2005	2006	2007	2008	2009	2010	2011
平均	1.8	1.6	1.7	1.6	1.5	8.7	7.1	6.0	5.1	5.5	5.0
最大	4.7	3.6	3.9	3.9	3.4	50.3	33.4	32.7	30.1	27.6	32.9
最小	0.2	0.2	0.1	0.1	0.1	2.1	1.2	0.8	0.5	0.6	0.6
倍率	24	18	39	39	34	24	28	41	60	46	55

年度	2012	2013	2014	2015	2016	2017	2018	2019	2020	2021	2022
平均	14.3	13.4	13.7	16.5	23.8	30.9	40.9	46.5	39.7	47.7	53.3
最大	166.1	99.8	85.4	92.0	96.8	108.2	101.3	122.4	114.0	126.4	118.4
最小	2.0	1.2	2.8	4.5	5.0	8.4	9.7	13.8	11.6	12.8	14.4
倍率	83	83	31	20	19	13	10	9	10	10	8

各年度の「児童生徒の問題行動・不登校等生徒指導上の諸課題に関する調査結果」（文部科学省）を基に作成

（2）認知件数のバラツキ

　認知件数のバラツキは、都道府県間だけではありません。市区町村間、学校間、さらには学級間でも見られます。認知数が多いと、教育委員会・学校法人の取組や、学校経営・学級経営の在り方が問われるのではとの懸念から、件数を実際より少なく報告するケースがあるのではないかとされてきました。法第34条に「いじめの事実が隠蔽」という文言がありますが、まさに「隠蔽」への疑念が払拭されていなかったのでしょう。

　そのような「疑念」を生み出す「隠蔽」があった可能性は否定できませんが、**認知件数のバラツキは、いじめの件数の数え方に大きな原因があった**と思われます。自校のカウントの仕方に誤りはないか、至急点検する必要があります。

> **件数の数え方のナレッジマネジメント〈例〉**
> ◎いじめを行った数を計上➡いじめを受けた児童生徒数を計上する
> ◎いじめを受けた回数を全て計上➡いじめの総数ではなく、被害者の総数を計上する
> ◎解消した事案を未計上➡調査期間内（同一年度内）のものは全て計上する
> ◎「同じ学校ではない」と未計上➡塾などが同じでも「人的関係」がある
> ◎「管理下ではない」と未計上➡起こった場所についての規定はない

発達支持的・課題予防的取組の遂行
⇒ 全教育活動を通して計画的に行う

（1）いじめの未然防止

　法の制定により、学校及び学校の教職員に対する、いじめの防止・早期発見・対処の責務が法律上明確にされました。これを怠ることは法律違反です。法の理解を深め、「脱いじめ」に向けた取組を真摯に進めることが重要です。いじめは、「いじめを受けた児童等の教育を受ける権利を著しく侵害し、その心身の健全な成長及び人格の形成に重大な影響を与えるのみならず、その生命又は身体に重大な危険を生じさせるおそれがあるもの」（法第1条）です。**「絶対に許さない」との強い決意**をもって取り組まなければなりません。

　いじめを未然に防止するためには、発達支持的・課題予防的取組を着実に遂行する必要があります。教育課程に、豊かな情操・道徳心・心の通う対人交流の能力の素地を育む教育活動を位置付け、児童生徒に「いじめに向かわない態度・能力」を身に付けるとともに、集団体験活動等を計画的に実施し、児童生徒が主体的に、いじめ問題を解決する集団を育成できるよう留意することが大切です。

（2）教職員の資質向上

　学校の設置者及び学校には、いじめ防止に関する研修の実施等、教職員の資質向上の措置を計画的に行うことが義務付けられています（法第18条第2項）。いじめについての理解を深める「本質解明義務」、保護者と協働して対処する「保護者連携義務」等、いじめ問題への対応において、教職員が問われる責任は多岐に及びます。

　法やガイドライン等、いじめに関する法律等への理解を深め、**法的手続き・判断・対応にも長ける**ことが求められています。

（3）発達支持的取組

　「生徒指導提要（改訂版）」では、いじめに関する発達支持的生徒指導を「児童生徒が『多様性を認め、人権侵害をしない人』に育つような人権教育や市民性を育む教育を通じた働きかけ」と説明し、次の4点を留意点として挙げています。

　①「多様性に配慮し、均質化のみに走らない」学校づくりを目指す

　②児童生徒の間で人間関係が固定化されることなく、対等で自由な人間関係が築かれるようにする

③「どうせ自分なんて」と思わない自己信頼感を育む

④「困った、助けて」と言えるように適切な援助希求を促す

（4）課題予防的取組

　「生徒指導提要（改訂版）」では、課題未然防止教育と課題早期発見対応を課題予防的生徒指導としています。課題未然防止教育を「道徳科や学級・ホームルーム活動等における児童生徒主体のいじめ防止の取組の実施」とし、いじめる心理、いじめの構造、法律面、という3視点から進めるよう求めています。

　教育課程に、豊かな情操・道徳心を培い、心の通う対人交流の能力の素地を養う教育活動（法第15条）を位置付け、児童生徒に「いじめに向かわない態度・能力」を身に付けるとともに、集団体験活動等を計画的に実施し、児童生徒が主体的にいじめ問題を解決する集団の育成にも留意することが大切です。

発達支持的・課題予防的取組のナレッジマネジメント〈例〉

◎年に一度以上の法等の研修➡怠ると「本質解明義務違反」を問われる

◎道徳教育・体験活動等の充実➡取組がないと法第15条の違反を問われる

◎生徒会の企画案の不認可➡法第15条第2項の理解が必要である

◎情報モラル教育の未実施➡法第19条第1項に違反する

4　基本方針の策定と組織体制の整備
　　　⇒ 学校独自の方針・組織とする

（1）基本方針・組織体制の意義

　非常に残念なことですが、多くの学校が「脱いじめ」を目指して真摯に努力を続ける中、学校基本方針が教育委員会の示したひな型と瓜二つであったり、いじめ防止等の対策のための組織（校内委員会）が定期的に開催されていなかったりする学校が、批判の的となることがあります。

　学校基本方針の策定と対策組織の設置は、いじめの防止・早期発見・対処に関する施策・措置を総合的・実効的に進める際の切り札的存在と言えます。このため、法では「方針を定めるものとする」「組織を置くものとする」と、明確に位置付けられているのです。その意義を十分踏まえ、学校一丸となって取り組む必要があります。

（2）学校いじめ防止基本方針（法第13条）

　学校基本方針は、当該校における①いじめの防止、②いじめの早期発見、③いじめへの対処のための対策に関する基本的な方針を定めるもので、策定に当たっては、「いじめ防止基本方針」又は「地方いじめ防止基本方針」を参酌することと、学校の実情に応じた内容にすることが求められています。

　「参酌」とは、「他のものを参考にして、良い点を取り入れること」ですから、基本的な流れは踏襲しつつも、具体的な方策等については、例えば「『今日の心のお天気』を学期に2回実施する」など、学校の実情に合った表記にする必要があります。「アンケートにより積極的ないじめの認知に努める」では独自色が感じられません。

　インターネットを使った動画拡散のいじめが発生した場合、校内委員会にIT主任を加えたり、次年度の学校基本方針に「ネットいじめの防止・早期発見・対処」について加筆したりするなど、常に学校の実情に応じた内容にすることが重要です。

（3）いじめの防止等の対策のための組織（法第22条）

　法第22条では「組織」という用語が使用されています。特に小規模校では、新たな組織の立ち上げは、屋上屋を架すことになりかねませんから、既存の組織の活用が禁じられている訳ではありません。しかし、法第22条では、組織の構成を「当該学校の複数の教職員、心理、福祉等に関する専門的な知識を有する者その他の関係者」を例示し、文末を「置くものとする」と結んでいますから、教職員のみで構成する組織は例外と捉えるべきです。

　なお、外部人材の導入に際して「機動性」が課題になることがありますが、日常と問題発生時の構成を変える等、臨機応変な対応を可能にしておくとよいでしょう。

基本方針・組織体制のナレッジマネジメント〈例〉

◎市内学校の学校基本方針は共通➡学校の実情に即し独創性をもたせる

◎既存組織が校内委員会の機能を果たす➡外部委員の登用が求められる

◎心理・福祉の専門家のみ委員に登用➡例示規定なので、地域の各種委員等を加えることも考えられる

◎委員の都合が合わず委員会開催不可➡別組織を設ける等、機動性を重視する

◎保護者への基本方針・委員会等の説明➡入学時・年度開始時には必ず行う

2　いじめの早期発見

■ チェックリスト

2-1　早期発見3ルート

＊いじめの早期発見について述べた次の文章が正しい場合は○を、誤りがある場合は×をつけてください。

	チェック項目	○・×
①	いじめ発見のきっかけを「担任の発見」「本人の訴え」「他からの情報」に分類した場合、最も多いのは「本人の訴え」である。	
②	児童生徒の日常の観察から「小さなサイン」に気づくことができるよう、教職員の感性を磨くための児童生徒理解の研修等を行うことは、法に定められた学校及び設置者の責務である。	
③	法第18条では、教員の資質向上・指導体制の充実に関わる教員等の配置・確保等に必要な措置が定められているが、養護教諭が教諭とは別途規定されている。これは「相談を受ける」立場を重視したものである。	
④	定期アンケートの実施等、いじめを早期発見するために必要な措置は、学校の義務であり、設置者には課せられていない。	
⑤	「本人の訴え」は、いじめ発見の大きなきっかけとなっている。教職員には、児童生徒と「話しやすい」人間関係を築くとともに、自由な雰囲気のクラスづくりや児童生徒と向き合える時間の確保が求められる。	
⑥	ネットいじめは教師や保護者に見えにくく、拡散されやすいため、把握された段階では、被害児童生徒の心理的苦痛は甚大である。未然防止・早期発見のための啓発活動が重要である。	
⑦	ネット上の誹謗中傷の書き込み等の早期発見のためには、ネットパトロールの強化が必要だが、民間会社に委託することは、個人情報保護の観点から避けた方がよい。	
⑧	児童生徒からいじめ被害の訴えがあった場合、真剣に耳を傾けることは大切だが、本人にも問題点があると考えられるときは、「気にしすぎではないか」などと指摘する必要がある。	
⑨	いじめ被害を訴えた児童生徒が不利益を被らないようにすることは、学校の法律上の義務なので、在校中は支援員を教室に配置し、登下校等では保護者と連絡を取り合いながら、見守り体制を強化した。	
⑩	保護者にいじめ発見のチェックリストを配布したところ、「該当箇所がある」と不安を訴える保護者が続出したので、以後配布をやめた。	

2-2 教師の「発見」

＊児童生徒に例示したような言動がないかチェックしてください。

①朝の会	□ 遅刻・欠席が増える □ 表情が暗くうつむきかげん	□ 遅刻寸前の登校が増える □ 出席確認の際、声が小さい
②授業の開始時	□ 忘れ物が多くなる □ 机・椅子が乱れている □ 一人だけ遅れて教室に入る	□ 周囲がざわついている □ 机が離れた位置にある □ 涙を流した気配が感じられる
③授業中	□ 正しい返答を揶揄される □ 頭痛・腹痛を頻繁に訴える □ 文字の筆圧が弱くなる	□ 酷いあだ名で呼ばれる □ グループ分けで孤立する □ 提出するノートを重ねない
④休憩時	□ 訳もなく廊下・階段を歩く □ 用もないのに職員室に来る □ 集中してボールを当てられる □ 保健室への来室が増える	□ 一人でいることが多い □ 遊びの中に入れない □ トイレに行く回数が多い □ 教員外の職員に話しかける
⑤給食時	□ 給食にイタズラされる □ グループからはずされる	□ 好きなものを他人に譲る □ 嫌いなものの盛り付けが多い
⑥清掃時	□ 机・椅子が運ばれない □ 嫌な分担を一人でする	□ 目の前にゴミを捨てられる □ 仕事を命じられる
⑦放課後	□ 衣服の乱れや破損がある □ 急いで一人で下校する □ 部活動等に参加しなくなる	□ 擦り傷や鼻血の跡がある □ 用もないのに教室に残る □ 最短でない経路で下校する
⑧動作・表情等	□ おどおどした印象を与える □ 寂しそうな表情をする □ 委員等を辞めたいと申し出る	□ 視線を合わせようとしない □ 独り言をよく言う □ ほめられることを嫌がる
⑨持ち物・服装等	□ 教科書にイタズラ書きがある □ 靴・体操着等を隠される □ よく物をなくす	□ 作品等の掲示物を破られる □ 急に携帯電話を使わなくなる □ 他人の用具等を持参する
⑩その他	□ トイレ等に中傷を書かれる □ 小動物に虐待行為をする □ ふざけ半分に推薦される	□ 提出物の遅れが目立つ □ 家のお金を無断で持ち出す □ 「いじられ」る場面が多い

2-3　子供の「訴え」

＊次のような学校（教師）の対応について、適切なものには○を、不適切なものには×を
つけてください。

	チェック項目	○・×
①	アンケート等の調査は、法律で定められたものではないので、定期的には実施せず、いじめの徴候を把握できたときにだけ実施している。	
②	相談体制の整備は法律で義務付けられているので、教育相談体制を確立するため、それまで生徒指導部にあった教育相談係を、新たに教育相談部として分掌組織に加えることにした。	
③	友人からの軽い言葉で傷ついたが、すぐに加害者が謝罪し、教師の指導もなく仲直りした。本人からの訴えもなかったので、校内委員会には報告しないで、そのまま様子を見守ることにした。	
④	別の生徒からの情報で、同校生徒のコラージュ画像が拡散されている事案を把握したが、当該生徒はその事実を知らず、被害を訴えなかったため、事実確認や加害者指導をしなかった。	
⑤	いじめ被害やいじめの目撃をいつでも訴えることができるよう、「心の箱」と名付けた投函箱を校内に設置したり、教育委員会が運用するSNSを活用した「いじめ相談」のシステムの活用を勧めている。	
⑥	学校の教育相談体制の整備を図るため、年間3回の教育相談旬（週）間の新設や、SCによる1学年全員面接の実施等を進めることにした。	
⑦	児童生徒にSOSを発する力（援助希求力）を付けるため、教師との人間関係を深める取組とともにワークシート等を使った演習を行っている。	
⑧	悩み等の相談に乗ってもらえる相談機関や、電話・SNSを使った相談機関等について利用方法を周知している。	
⑨	名前を明かさずスマートフォンやタブレットから相談ができるよう、そのやり方を児童生徒に周知している。	
⑩	いじめ被害を訴えた児童生徒が不利益を被らないようにすることは、学校の法律上の義務なので、見守り体制を強化するようにしている。	

2-4 他からの「情報」

＊次の記述が適切な場合は○を、不適切な場合は×をつけてください。

	チェック項目	○・×
①	いじめを認知した教職員には、それを通告する法的義務が課せられている。いじめの事実を正確に把握した段階で、児童生徒が在籍する学校へ通報しなければならない。	
②	文部科学省調査（令和4年度）では、担任以外の教職員が「いじめ発見のきっかけ」となった割合は2.8％であったが、教職員等の「気づき」を有効に活用するために、情報共有体制の確立が望まれる。	
③	地域住民や地域にある関係機関が「いじめ発見のきっかけ」となる割合は、それぞれ0.1％という調査結果がある。学校は日常の働きかけを強め、地域等からの情報収集に努めなければならない。	
④	連絡帳やSNSを活用した通報システムにより、保護者からの報告・連絡・相談を的確に受け止める仕組みを整備することが重要である。	
⑤	設置者が異なる学校のいじめを把握した教職員は、法第23条の規定により守秘義務が免除されるので、当該学校へ通報しなければならない。	
⑥	児童生徒の相談に応じる相談センターの職員等は、いじめの相談を受けた場合、法第23条第1項の規定により、相談者が在籍する学校へその事実を通報しなければならない。	
⑦	地域からの情報によって、いじめが重大化することを防いだ事案もある。地域にある諸団体、スポーツクラブ、塾等との日頃からの連携・協働は重要である。	
⑧	警察、法務局、児童相談所等からの情報提供は、学校通報について十分吟味した上での連絡である場合が多い。即刻、事実確認等の措置をとる必要がある。	
⑨	教職員がいじめの情報を得た場合でも、成績処理等急ぎの業務があるときに、それを優先することは仕方がないことで、速やかに（2〜3日以内）いじめへの対応を行えば問題にならない。	
⑩	個人情報保護に係る法律・条例では、「目的外利用・提供」が禁止されているので、たとえ「いじめ問題」に関することでも、学校への情報提供は慎重に行わなければならない。	

■ 解答と解説

2-1　早期発見３ルート　解答と解説

①	○	いじめ発見には、発見・訴え・情報という「３つの窓」のいずれかからの「差し込む光」の把握が大切です。いじめの発見のきっかけはアンケートが約５割を占めます。これは「訴え」に分類されます。
②	○	法第18条第２項は、学校及び設置者に対して研修や資質向上に必要な措置を計画的に実施する義務を課しています。
③	○	SCの勤務体系等の問題から相談したいタイミングで相談できない実状に対処し、養護教諭が相談を受けることを想定していると考えられます。
④	×	法第16条が定める、いじめを早期に発見するための調査や措置は、「学校の設置者及びその設置する学校」が主語になっています。
⑤	○	「本人の訴え」は中・高等学校では20％を超えます。気軽に話せる人間関係の構築とともに、自由に発言できるクラスの雰囲気の醸成や児童生徒と向き合える時間の確保も大切です。
⑥	○	インターネットを通じたいじめの特徴は、匿名性、拡散性、重篤化等があるため、未然防止・早期発見が極めて大切になることから、児童生徒や保護者に対する啓発活動が重要になります。
⑦	×	成果のあった実践例が多数報告されています。費用の問題等はありますが、個人情報の扱いや対応方法の確認等について十分協議することで、専門的知見・技術がネットいじめの早期発見に生かされます。
⑧	×	「気にしすぎ」に、「あなたにも悪い点がある」「もっと強くなりなさい」を加えて「三大禁句」といわれます。勇気を出しての訴えをこのように扱われたら、「二度と話さない」という決意を固めてしまいます。気持ち（心理的事実）の受容に徹しなければなりません。
⑨	○	法第16条第４項が定める「いじめを受けた児童生徒の教育を受ける権利等の権利利益の擁護」は、「相談体制を整備するに当たっては」とあるので、相談することで、仕返しされたり、さらに酷いいじめに遭ったりすることが想定されています。絶対に防がなくてはなりません。
⑩	×	保護者が子供への関心を深めることは良いことです。配布に当たって注意事項等を丁寧に説明する必要があります。

2−2 教師の「発見」 解説

①	朝の会は子供を観察する大切な機会です。しっかり「みる」必要があります。全体を「見る」（学級の雰囲気をつかむ）、注意深く「観る」、気になった子を「視る」、いじめの可能性を「診る」、支援のために「看る」、耳を傾けて「相る」。6つの「みる」が求められます。
②	授業のスタート時は「情報の宝庫」です。教室の雰囲気が大きく転換するとき、子供からは様々なサインが出されます。「小さなサインに大きな問題」といいます。「小さなサイン」を鋭く捉えることが大切です。
③	授業の中では、集団内の人間関係が明らかになります。特定の子供の発言に、過剰な非難や称賛の声が飛んだり、揶揄する態度が見られたときは要注意です。
④	休み時間は心身の休息の時間で、友との語らいの時間でもあります。そんな至福の時間に、友を避けるかのように教室から離れる行動が見られたら、「大きなサイン」としての対応が必要です。
⑤	給食は級友と親交を深める大切な時間です。そんなときにイジワルやイタズラをされたら、心に大きな傷を負うことになります。
⑥	清掃時は、教師の目が届かないところで、いじめ行為が行われる危険性が高まります。清掃場所への「訪問」はいじめの抑止力となります。
⑦	帰宅できることは、いじめの被害を受けている子供にとって待ちに待った瞬間です。一目散に帰宅を急ぎます。しかし、下校中は最も警戒しなければならない時間帯です。下校の様子から、いじめの徴候を把握することが多々あります。地域からの情報も有効です。
⑧	いじめ被害のつらさ・悔しさは甚大です。擦り傷や痣などの身体的サインとともに、心理的事実を表す表情や動作等の非言語コミュニケーションにも注意を払う必要があります。
⑨	持ち物等の損壊や隠蔽は「サイン」というより「いじめ」そのものです。本人への支持、事実関係の把握、加害者指導等を組織的に行わなければなりません。
⑩	学業成績が良い等の「プラス面」を攻撃対象とするいじめ、仲良しグループを装ったいじめ、「いじり」という名を借りたいじめ等にも注意が必要です。

2-3　子供の「訴え」　解答と解説

①	×	法第16条第1項は、いじめを早期に発見するため、「当該学校に在籍する児童等に対する定期的な調査その他の必要な措置」を、設置者及び学校に義務付けています。
②	○	相談体制の整備は、法第16条第3項に明記されています。相談室の設置、来室相談のシステムづくり、SC等との連携等、教育相談担当教諭を中心に進めることが求められます。
③	×	基本方針で例示されている事案です。「『いじめ』という言葉を使わず指導することも可能だが、法が定義するいじめに該当するため、校内委員会で情報共有することは必要」との解説があります。
④	×	基本方針には、「加害行為を行った児童生徒に対する指導等については法の趣旨を踏まえた適切な対応が必要である」とあります。本人からの訴えがなくとも「いじめ」を認知し、いじめの事実の確認・設置者報告・いじめ解消に向けた措置をとる必要があります。
⑤	○	校内に「目安箱」を設置するほか、教育委員会等が電話やSNSを利用した相談システムを構築することが増えました。利用方法の周知が利用促進につながります。
⑥	○	SCによる「発見」「相談」の割合はごく少数です。年度始めに1つの学年全員との「顔合わせ」の時間を設ける等、専門性を生かせる方法を工夫することが大切です。
⑦	○	子供のSOSの発信力（援助希求力）の向上は、教師との信頼関係の深化と連動しています。信頼関係構築に努めるとともに、ソーシャルスキルトレーニング等を活用した演習が効果的です。
⑧	○	教育センター、法務局、NPO法人等が電話相談やLINE相談等に取り組んでいます。電話番号等を記したカードを配布するときには、その役割や利用方法を丁寧に説明することが大切です。
⑨	○	報告、相談をすることができるアプリを導入し、学校外の専門家の相談を受けられるシステムを整備することが大切です。
⑩	○	法第16条第4項の「いじめを受けた児童等の教育を受ける権利その他の権利利益が擁護されるよう配慮する」がこれに当たります。

2-4 他からの「情報」 解答と解説

①	×	法第23条第1項には、「いじめの事実があると思われるとき」とあります。いじめの確証を得てからの通報では、時機を失することがあるので、可能な限り早い段階での通報が求められます。
②	○	いじめの徴候に気づいた教職員が、適時適切に校内委員会に情報を寄せられるよう、パソコンでの情報共有システムの活用等を工夫する必要があります。
③	○	学校運営協議会、PTA、青少年健全育成委員会等の地域の諸団体、地域学校協働本部、放課後子供教室等、地域にある様々な組織との連携を深め、相互の情報交換を活発にすることが大切です。
④	○	子供と最も身近で接している保護者からの情報は貴重です。保護者からの連絡や相談を受け入れやすくするための工夫が求められます。保護者からの情報は学年主任等に速やかに報告することが大切です。
⑤	×	法第23条第1項には、「学校への通報その他の適切な措置」をとる義務が明文化されていますが、深刻な状況ではないいじめの場合、守秘義務が免除されているとまでは言えません。
⑥	×	法第23条第1項は、一律に学校への通報義務を課したものではありません。相談者との信頼関係を損ねてしまうこともあるので、事案の内容によって通報の可否を精査する必要があります。
⑦	○	通学路での暴力行為、飲食店でのたかり行為、児童生徒が活動する地域にある団体でのいじめ等は、学校の把握が困難です。地域住民や指導者等からの情報を活用することが求められます。
⑧	○	いじめを受けている児童生徒の保護者が警察等に被害を通報することがあります。これらの情報が円滑に入るようにすることが重要です。
⑨	×	基本方針に、「いじめに係る情報が教職員に寄せられた時は、教職員は、他の業務に優先して、かつ、即日、当該情報を速やかに学校いじめ組織に報告」する旨、明記されています。
⑩	×	「目的外利用・提供の禁止」の例外措置として、「本人の同意又は法令の規定がある場合」が規定されています。「いじめの事実があると思われるとき」の学校の教職員や児童等からの相談に応じる者の通報義務は、法第23条第1項に規定されています。

「早期発見」のナレッジマネジメント

 1 いじめ発見の「3つの窓」
⇒ 人間関係を構築し、「窓」を開放

（1）いじめの把握

　文部科学省の調査によれば、いじめ発見のきっかけは表2のとおりとなっています。

表2 いじめ発見のきっかけ（構成比）

単位：%

		小学校	中学校	高等学校	特別支援学校
【発見】	担任の発見	9.7	9.4	4.7	23.7
	担任以外の発見	1.6	7.4	4.0	5.2
	SC等の発見	0.1	0.2	0.3	0.2
【訴え】	アンケート等	55.2	33.9	43.9	38.9
	本人の訴え	17.3	27.2	30.9	20.0
【情報】	保護者の訴え	11.4	14.2	9.8	6.3
	他保護者の訴え	1.2	1.7	1.2	1.4
	他児童生徒訴え	3.2	5.5	4.6	3.4
	関係機関の情報	0.1	0.2	0.2	0.8

「令和4年度　児童生徒の問題行動・不登校等生徒指導上の諸課題に関する調査結果」（文部科学省）を基に作成

（注）アンケートへの記載を本人の意思表示と考え、「アンケート等」は「訴え」に分類しています。

（2）発見・訴え・情報という「3つの窓」

　「いじめは、『発見・訴え・情報』という『3つの窓』から差し込む光を感じることによって把握される」とたとえることができます。早期発見のためには、「3つの窓」が開け放されている必要があります。

①「発見」の窓

　「小さなサインに大きな問題」といわれます。児童生徒一人ひとりに関心をもち、<u>「小さ</u>

なサイン」を鋭く捉える感性を磨くことが大切です。そのためには、アセスメント（見立てる）力の向上が欠かせません。

②「訴え」の窓

本人の「訴え」を容易にするには、児童生徒の援助希求力を高めることも大切ですが、「あの先生になら何でも話せる」という**信頼関係の確立や、向き合う時間の確保等**に留意する必要があります。

③「情報」の窓

教職員、児童生徒、保護者、地域住民、関係機関職員等との日頃の連携・協働は、「情報」を得るために効果的です。校内での人間関係の深化とともに、「開かれた学校」を目指した「行動連携」を進める中で、より緊密な**「情報連携」**を深めることが求められます。

「いじめ早期発見」のナレッジマネジメント〈例〉

◎定期アンケートを未実施➡早期発見の重要な手段を放棄したことになる

◎「訴え」があっても無対応➡「二度と話さない」という意識が醸成される

◎被害リスクの高い児童生徒への無配慮➡重大な事案への危機が高まる

---

2 教師の「発見」 ⇒ 観察・調査等により徴候を把握する

（1）日常の観察

教員の働き方改革が求められる背景の一つに「子供と向き合う時間の確保」があります。会話を交わしたり、表情やしぐさを観察したりすることで、児童生徒の心情を読み取ることができます。人間関係を培うよい機会ともなります。いじめの早期発見にとっても、大きく寄与することが期待されます。

授業中の様子や廊下でのあいさつ等から、「気になったこと」をメモしておくと、**「小さなサイン」の累積が「大きな問題（いじめ）」の防止に役立つ**ことがあります。ハインリッヒの法則はいじめの発見にも当てはまります。すなわち、一つの大きないじめ発生前には、29の小さな出来事があり、その背景には300の小さな徴候が存在するとの考え方です。

意図的・計画的に観察することを組織的観察といいます。その一つが観察の視点を決めておく「行動目録法」（チェックリスト法）です。気になる言動のある児童生徒を対象にするだけでなく、全児童生徒を対象に計画的に実施することが大切です。

（2）面談・交換ノート等

　定期的に行う「10分面談」や、児童生徒との文字による交流である「生活ノート」や交換日記の取組がいじめの早期発見につながることがあります。記述内容や筆圧等の書き方も重要な情報になります。面談同様、児童生徒の**心理的事実（気持ち）を否定せずに受け止める**ことが求められます。

（3）調査・検査

　児童生徒の「心の内面」を知るための調査・検査は数多く考案されていますが、そのままでは結果の分析に専門的知識・訓練が必要になることがあるため、より簡便な方法を工夫するとよいでしょう。ただし、診断のためでなく、面談の「きっかけ」にすることが目的です。

（4）「配慮が必要な児童生徒」への対応

　「いじめはどの子供にも起こりうる」との認識をもって取り組むことが大切ですが、基本方針では、発達障害を含む障害のある児童生徒等を例示して、「学校として特に配慮が必要な児童生徒については、日常的に、当該児童生徒の特性を踏まえた適切な支援を行うとともに、保護者との連携、周囲の児童生徒に対する必要な指導を組織的に行う」よう求めています。

「教師の『発見』」のナレッジマネジメント〈例〉

◎「ささいなこと」と徴候を軽視➡重大事態にまで深刻化することがある

◎いじりを「軽い冗談」と認知➡不登校重大事態となる可能性が高まる

◎「被害リスク」に無配慮➡特性等に関わるいじめへの配慮が必要

◎サインをつかんでも同僚に未報告➡組織としての「いじめ放置」となる

3　子供の「訴え」　⇒ 受け止めやすい環境を整備する

（1）アンケートの適正な実施

　法第16条第1項には、「学校の設置者及びその設置する学校は、当該学校におけるい

じめを早期に発見するため、当該学校に在籍する児童等に対する定期的な調査その他必要な措置を講ずるものとする」とあります。文部科学省はこれまでも、定期的に児童生徒から直接状況を聞く手法として、アンケート調査を実施することの重要性を示してきましたが、法成立をもって義務化することで、早期発見の重要性を一層明確にしました。

　実施に当たっては、答えやすい設問を工夫したり、安心して回答できる環境を整備したりするとともに、**結果の活用・保存・廃棄等での個人情報保護**に十分留意することが大切です。

　下図は、いじめが多発していた小学校低学年の学級のアンケート結果を図示したものです（モレノにより実用化されたソシオグラムに倣って「ブリーグラム（Bullygram）」と

参考　ブリーグラム（Bullygram）の例（小３のクラス）

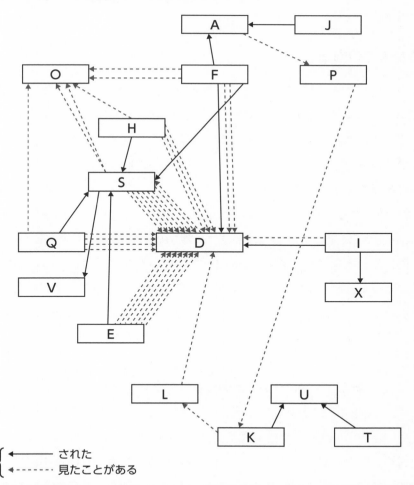

嶋﨑政男『学校管理職・教育委員会のためのいじめを重大化させないQ&A100』エイデル研究所、2022年、p.144を改変

名付けます）。「いやな思いをした」「いやな思いをしている人を見たことがある」の2点を問うアンケートを実施した後、全員面接で具体的な名前を問い、「自分がいやなことをされた」を実線で、「されるのを見た」を点線で示しています（点線5本は5人の児童が目撃したことを意味します）。

（2）訴えを受け止める体制の整備

　児童生徒自らがいじめ被害を訴える割合は、中高生では25％を超えています。教師・児童生徒間の人間関係の構築や気軽に会話ができるクラスの雰囲気づくりを通して、この割合がさらに増えることが望まれます。

　また、校内の相談体制を整える、SCを有効に活用する、外部の相談機関の利用法を周知するなどして、**児童生徒が「いつでも・どこでも・誰にでも」相談できる体制**を整えることが重要です。

（3）援助希求力の向上

　児童生徒が、困ったときにSOSを発信できる力（援助希求力）を培うことの重要性が指摘されています。文部科学省・厚生労働省連名の通知（2018年1月）では、「SOSの出し方に関する教育を少なくとも年1回実施」するよう求めています。当初は自殺予防が主眼でしたが、DVD教材やワークシート等の指導資料の作成も進み、いじめの未然防止の観点からの重要性が増してきました。

　「生徒指導提要（改訂版）」では、「いじめ防止につながる発達支持的生徒指導」の留意点の一つに、「『困った、助けて』と言えるように適切な援助希求を促す」を挙げています。「**『困った、助けて』と言える雰囲気と、『困った』をしっかり受け止めることができる体制**を学校の中に築くことが求められます」という指摘はとても重要です。援助を求めたことで、より酷（ひど）いいじめに遭ったり、教師の対応が不十分であったりしたら、二度と援助を求めなくなる可能性があります。

「訴え」を受け止める際のナレッジマネジメント〈例〉

◎訴えに対して無対応➡「何もしてくれない」との不信感・絶望感を与える

◎訴えを受け止める体制が未整備➡児童生徒がいじめの被害を訴えられない

◎個人情報を保護する意識の低下➡いじめの深刻化や保護者からの抗議につながる

◎相談体制の未整備・相談機関周知の不徹底➡被害者が孤立化するおそれが生じる

他からの「情報」
　　⇒ 情報発信を簡便化する

（1） 情報提供の意義

　いじめの情報を把握した者からの通報には、的確な早期発見や効果的な早期指導に資するだけでなく、いじめ防止対策のために円滑な連携・協働を推進することができるという、大きなメリットがあります。情報発信がしやすい体制を整え、情報を適切に活用することで、発信者と受信者のつながりを強化することが求められます。

（2） 他の児童生徒、担任以外の教職員からの情報

　いじめ被害者と同じクラスの児童生徒は、直接いじめを目撃することがあります。非常に貴重な情報ですが、教職員に伝わらないことがしばしばあります。自分が被害者となることへの不安等があるためです。このような不安を払拭するため、全校を挙げて「いじめの通報は勇気の印」という意識を醸成しなければなりません。

　担任以外の教職員がいじめを察知した場合、速やかな通報は法律上の義務です。校内委員会を中心に職員室内に「情報ボックス」を設置する等、自校のシステムを整備する必要があります。

（3） 保護者、地域・関係機関等からの情報

　保護者からの「わが子へのいじめ」の訴えは、**「子を想う親心」への受容**が重要です。「いじめはない」と断定的な言い方、「気にしすぎ」などと責め立てることは厳禁です。

　学校運営協議会やPTA等、学校と直接の関わりのある組織以外にも、地域には多くの団体・機関があります。年度始めには直接訪れ、いじめに関わる情報提供を依頼するとともに、学校の基本方針を丁寧に説明することが重要です。

「他からの情報」の扱いをめぐるナレッジマネジメント〈例〉

◎いじめ情報の察知者が通報を懈怠➡早期対応を困難にする違法行為である

◎守秘義務を理由に通報を懈怠➡「目的外使用禁止の例外規定」を理解する

◎通報者氏名の公表➡情報提供者がいなくなるおそれが生じる

3 いじめ対応・対処

■ チェックリスト

3－1 早期対応

＊学校の対応が適切な場合は○を、不適切な点がある場合は×をつけてください。

	チェック項目	○・×
①	A子からいじめの相談を受けていたが、校長等に伝えないでいたら自殺未遂が起こってしまった。いじめ防止対策推進法は、児童虐待防止法のような通報義務を課していないので問題にはならない。	
②	SCからいじめの通報を受け、事実確認を行ったところ、過去のことであり現在はその事実はなかった。このため設置者への報告はしなかった。	
③	いじめの訴えを受けた担任は多忙だったため、校内委員会への通報が遅れ、聴き取り調査も3週間を過ぎてから実施した。教育委員会への報告も1か月を経過してからだった。	
④	学級内でいじめが発生したため、担任は被害児童・加害児童から聴き取りを行い、昼休みには加害児童に被害児童への謝罪を行わせ、帰りの会では学級全員の前で2人に握手をさせた。	
⑤	加害者とされた児童が不登校気味となり、父親から「事実調査が間違っている。うちの子は冤罪だ」との抗議があった。校内委員会では、当初からいじめ認定に疑義をもっていたこともあり、指導を中断した。	
⑥	被害を受けた児童の保護者から「加害児童を転校させてほしい」との申出があったため、担任は「転校は無理だが別室学習を行う」と返答し、翌日から校長室の隣の応接室で加害児童に漢字練習等をさせた。	
⑦	被害者の保護者から、加害生徒の家族構成等の個人情報を教えるよう要求があり、その根拠として法第23条第5項を挙げた。このため、いじめの内容に加え、個人情報についても提供した。	
⑧	暴行・恐喝を伴ういじめが発覚し、被害生徒・加害生徒ともにこの事実を認めたため、担任は校内委員会で議論せず警察に通報した。	
⑨	教育委員会にいじめの認知を報告したところ、指導主事が派遣され細かな指示・命令があった。このため、重大事態に該当するいじめ以外は教育委員会への報告をやめることにした。	
⑩	級友に対して暴行を繰り返す生徒に対し、校内委員会は、校長から本人に出席停止を命じることを決定した。	

3-2 事実把握

【聴き取り調査】

＊「聴き取り調査」のやり方が適切な場合は○を、不適切な点がある場合は×をつけてください。

	チェック項目	○・×
①	聴き取りを行う際、当該児童生徒の保護者からの許可を得ずに実施したり、聴き取りが放課後遅くまでかかってしまい、保護者から抗議を受けたりした。	
②	聴き取りを行う前に保護者に連絡したところ、「本人が不安がっているので同席させてほしい」との強い要望があったので許可した。	
③	加害者が多数で、担当教員も3名だったため、2～3名を1組にして、時間帯をずらして聴き取りを行ったところ、終了者が聴取を待つ者に質問内容等を知らせていたことが、後に判明した。	
④	被害者と加害者の2名を同時に相談室に呼び、双方の言い分を交互に聞きながら、事実関係の確認を行った。	
⑤	他の生徒の目に触れぬよう、校舎の隅の部屋で、男性教員3名が女子生徒を取り囲むように座り、2時間に及ぶ聴き取りを行った。	
⑥	聴き取りを予定していた児童が欠席したため、担任が家庭訪問での聴き取りを提案したが保護者に拒絶されたため、電話で聴き取りを行った。	
⑦	聴き取りを行う教師の態度・口調が威圧的・詰問調になり、聴取を受ける児童生徒が泣き出したり、部屋を飛び出してしまったりすることがあった。	
⑧	SCから、「聴き取りを行うと、被害生徒や関係生徒を精神的に追い詰めたり、クラスが動揺したりする可能性がある」との助言を受け、聴き取り調査は実施しないことにした。	
⑨	加害生徒の保護者から、「圧迫的な面接だったのではないか」との訴えがあり、聴き取りを録音したデータの提出を求められた。自分の子供の聴取記録なので、要求には応じた。	
⑩	被害児童の父親が、「学校の調査は信用できない」と、帰宅途中の同じクラスの児童を自宅に招き入れ、自ら聴き取りを行った。学校には、「『発言を強要された』と子供が怖がっている」等の保護者からの苦情が多数寄せられた。	

【アンケート調査】

＊「アンケート調査」のやり方が適切な場合は○を、不適切な点がある場合は×をつけて
　ください。

	チェック項目	○・×
①	年3回の定期アンケートでは、担任から提出されたクラスごとのまとめの表を、いじめ対策主任（生徒指導主事）が点検し、気になった事案を校内委員会で報告している。	
②	部活動内のいじめが疑われたため、顧問は部員にメモ用紙を配り、「知っていること」を書くよう指示した。事実関係が把握できたので、顧問は個人情報保護のため、集めたメモ用紙を厳重に廃棄した。	
③	年4回「心の天気しらべ」と名付けた定期アンケートを実施しているが、長期にわたって欠席が続く3名の児童には、負担をかけてはいけないので実施しなかった。	
④	被害生徒・保護者へのアンケート調査結果の提供を前提にすると、率直な情報・意見が集まらないおそれがあると判断し、結果の提供を前提としないでアンケート調査を行った。	
⑤	いじめの徴候をつかんだ担任からの報告を受け、昼休みに臨時に開かれた校内委員会で、その日にアンケートを実施することが決定され、当該学年の3クラスで「帰りの会」の際に実施した。	
⑥	アンケートを年3回実施しているため、原本を保管する場所が足りなくなってしまう。このため、年度末にはその年度に実施したアンケートの原本は全て廃棄している。	
⑦	年度始めの保護者会等で「いじめに関するアンケートを定期的に実施」などと周知しているので、いじめが認知されたときの臨時アンケートを実施する際には、保護者への通知等は行わない。	
⑧	「個別相談などの対応を必要としているか」をチェックする欄を設けたり、状況に応じて無記名の様式にする等、アンケート用紙の様式や実施方法をその都度工夫している。	
⑨	教職員の業務の適正化を図るため、アンケートの処理は、補助業務を行うサポート（支援）スタッフに任せている。	
⑩	被害児童の保護者から、「アンケートの原本を見せてほしい」と強く迫られたので、「寄り添う」観点から、全て開示した。	

3-3 被害者の支援

＊学校の対応が適切な場合は○を、不適切な点がある場合は×をつけてください。

	チェック項目	○・×
①	いじめが認知された場合、その事実関係や背景等の把握も大切であるが、法にも「被害者保護の最優先」が最重要課題であると明記されているので、支援員の配置等、被害者保護策を率先して行った。	
②	感覚過敏の傾向が見られる児童がいじめの訴えをしたが、「気にしすぎなのではないか」と問い詰めた。「いじめの冤罪」を生まないためには、このような指導が大切である。	
③	周囲のささいな言動を大げさに捉え、すぐにいじめ被害を訴える生徒に対し、「気にしすぎ」「あなたにも悪いところがある」「もっと強くなりなさい」と厳しく指導した。	
④	いじめ被害を訴えた生徒から事情を聴こうとしたところ、「加害者には指導しないでほしい。家にも連絡してほしくない」と言うので、校内委員会に情報提供は行わず、見守ることにした。	
⑤	いじめを原因とする転校（学）の申出があったので、文部科学省通知を基に、区域外就学の手続をとるための支援を行い、転校先の学校には必要な情報を提供した。	
⑥	被害児童生徒が精神的に不安定になっている様子が窺えたが、医療機関等の専門機関のケアを受けるように勧めることは、当事者や保護者の被害感情を高めることがあるので控えた。	
⑦	いじめを原因とする診断書や病状説明書が提出されても、教職員は医療の専門家ではないので、心のケアには携わらないようにした。	
⑧	「自殺の原因は複合的に絡み合っている」といわれるが、いじめは自殺の危険因子となるので、いじめが認知された場合は、自殺予防の観点から、いじめ問題の解消に取り組んでいる。	
⑨	いじめ解消に向けて対応している最中、被害を訴えていた生徒が自殺してしまった。遺族感情に配慮して、ご遺族には学校からの働きかけはなるべくしないようにした。	
⑩	加害児童全員が、被害児童に謝罪を行い、双方の保護者の納得も得たので、校内委員会として「いじめは解消した」と判断した。	

3-4　加害者の指導

＊加害者指導の際、次のような指導をしていませんか。一度でも行ったことがある項目をチェックしてください。

	チェック項目	✓
①	大声で怒鳴る、ものを叩く・投げる等の威圧的、感情的な言動で指導する。	
②	児童生徒の言い分を聞かず、事実確認が不十分なまま思い込みで指導する。	
③	組織的な対応を全く考慮せず、独断で指導する。	
④	殊更に児童生徒の面前で叱責するなど、児童生徒の尊厳やプライバシーを損なうような指導を行う。	
⑤	児童生徒が著しく不安感や圧迫感を感じる場所で指導する。	
⑥	他の児童生徒に連帯責任を負わせることで、本人に必要以上の負担感や罪悪感を与える指導を行う。	
⑦	指導後に教室に一人にする、一人で帰らせる、保護者に連絡しないなど、適切なフォローを行わない。	
⑧	家庭訪問でフォローする場合、保護者の了解を取らずに訪問する等、保護者との連携を十分図らない。	
⑨	本人や保護者と話し合うことなく、別室指導、懲戒、出席停止、警察通報等の措置を学校独自の判断で行う。	
⑩	指導する場所、時間帯、指導者（指導を受ける児童生徒と同性の教員を含む等）など、場面設定を考慮しないで指導する。	

■ 解答と解説

3-1 **早期対応** 解答と解説

①	×	法第23条第1項には、「いじめの事実があると思われるとき」は、「学校への通報その他の適切な措置をとるものとする」とあります。「適切な措置」がなく、通報義務違反に問われる可能性があります。
②	×	法第23条第2項には、「いじめの事実の有無の確認」を行ったら、「その結果を当該学校の設置者に報告するものとする」と定められています。いじめを確認した以上、設置者に報告しなければなりません。
③	×	法第23条第2項にある「速やかに」は、「事実確認」と「設置者報告」の両方にかかっています。「速やかに」（可能な限り早急に）事実確認を行い、「直ちに」（即刻）設置者報告をすべきでした。
④	×	手際よい対応ですが、法第23条第3項では「複数の教職員」による、被害児童等及び保護者への「支援」等を定めています。保護者へ連絡しないで対処した点も不適切といえます。
⑤	×	更なる慎重な調査が求められます。「いじめ」を認知したのですから、「解消」が確認されるまで継続して対応する必要があります。
⑥	×	別室学習は法第23条第4項に示された学習環境整備義務の一つの例示です。決定の主語は「学校」となっており、担任が単独で決定することはできません。
⑦	×	個人情報保護法第27条では、「法令に基づく場合」は本人同意のない第三者提供を可能にしています。しかし、加害者の家族関係・成育歴等の背景事情については慎重にならざるを得ません。いじめ防止対策推進法・ガイドラインにも明確な記載はありません。関係者名の開示を認めた最高裁決定（2023年3月）等、今後の展開を注視する必要があります。
⑧	×	法第23条第6項にも、文部科学省通知（2023年2月）等にも、警察との連携の重要性が明記されていますが、「重大な被害が生じるおそれがあるとき」、及び「加害者への指導の成果が上がっていないとき」との条件が付されています。また、「通報」の主語は「学校」です。
⑨	×	法第23条第2項違反になります。法第24条は、設置者の支援（人材派遣・財政支援等）、措置、調査（検証・再調査）を定めています。
⑩	×	法第26条に出席停止制度の適切な運用が規定されていますが、出席停止を命じることができるのは市町村教育委員会で、命じる相手は保護者です。

3-2 事実把握　解答と解説

【聴き取り調査】

①	×	保護者への説明は必須です。目的・方法・時間等について説明し、了承を得ることが大切です。当該児童生徒に対しても、一方的な指示・命令ではなく、聴取の理由をきちんと伝える必要があります。
②	×	聴き取り調査では「純粋性」（他の影響を受けず、自由に発言できること）が担保されなければなりません。その点の重要性を保護者に理解してもらい、別室で待機してもらう等の方法をとります。
③	×	「個別に、別室で、同時に」は、聴き取り調査の大事な原則です。公正な聴き取りを行うには、「秘密性の保持」が重要です。
④	×	被害者と加害者を同席させての聴き取りでは、被害者の自由な発言が制限されるだけでなく、更なる被害を受けることが危惧されます。
⑤	×	聴き取り環境を整えなければなりません。時間帯（学習権を侵害しない、長時間に及ばない等）、座席配置（三角型・ロの字型等）、聴取者（複数で児童生徒と同性の教員を含む）などに配慮し、聴取対象の児童生徒が安心して話せる環境整備に努める必要があります。
⑥	×	聴き取りは「対面」で行うことが原則です。手紙やメール等も考えられますが、情報を得るための次善の策として活用します。
⑦	×	「正直に話せ」「うそをつくな」等の感情的な発言は厳禁です。「知っていることを教えてほしい」という姿勢で「訊く」。話はしっかり「聴く」。「そんな気持ちだったんだ」と心理的事実を受容し、「言いにくいことをよく話してくれたね」等と勇気づける。これらが基本です。
⑧	×	法第23条及び法第28条では、事実関係を明確にするための調査が、学校に義務付けられています。聴き取り調査はその有効な手段の一つです。配慮点を明確にした上での速やかな実施が求められます。
⑨	×	聴き取りでは多くの生徒の個人情報が語られるので、原本の手交（手渡し）は避けます。提供する場合は、録音データを文字化して、個人情報保護の観点から必要箇所を黒塗りするなどして手渡すようにします。
⑩	×	学校では、保護者の了解を得て、児童生徒の心理的ケアに十分配慮した上で聴き取りを実施します。被害児童の父親に即刻中止を求める必要があります。

【アンケート調査】

①	×	管理職が結果を全く知らなかったことが問題になった事案があります。アンケート結果の決裁は校長まで行う必要があります。
②	×	多くの地方公共団体では「文書管理規程」を定め、職務上作成・取得された文書等を公文書として扱っています。「組織的に用いられたもの」を条件に加える地方公共団体もありますが、本例の場合は、「隠蔽」を問われる可能性があります。
③	×	アンケートに限らず、不登校児童生徒が在籍していないかのような対応はあってはならないことです。いじめが要因の一つと推定される自死事案の中に「不登校」継続中の事案が少なくありません。「つながり」を確認できるよい機会とすることが大切です。
④	○	結果の提供を前提としないアンケートの実施が禁じられているわけではないので、問題はありませんが、被害児童生徒・保護者にそのメリットを説明するなど、よく話し合って進める必要があります。
⑤	×	関係児童生徒から詳細なアンケートを求める場合等においては、保護者からの承諾書を得る、児童生徒にアンケート用紙を持ち帰らせ、封筒に入れて提出してもらう等のこまやかな配慮が必要です。
⑥	×	ガイドラインには、「情報の記録は、各地方公共団体等の文書管理規則等に基づき適切に保存する」「少なくとも5年間保存する」「廃棄については、被害児童生徒・保護者に説明の上、行う」とあります。
⑦	×	臨時アンケートについても保護者への通知等が必要です。学年始めや新入学時の学校基本方針説明の際に「必要が生じた場合は、速やかにアンケート調査を実施する」などと文書を出しておくか、学校基本方針に明記しておくとよいでしょう。
⑧	○	アンケートの名称、様式、実施方法等、児童生徒が安心してアンケートに臨めるよう、工夫や配慮が求められます。
⑨	×	字の大きさ、筆圧、記述欄の書き方、書き直し等、個々のアンケート用紙を精査することで、貴重な情報が得られることがあります。担任を主担当としたダブルチェック体制が望まれます。
⑩	×	ガイドラインには、「アンケートで得られた情報の提供は、個人名や筆跡等の個人が識別できる情報を保護する（例えば、個人名は伏せ、筆跡はタイピングし直すなど）」と記されています。

3-3 　被害者の支援 　解答と解説

①	○	法第３条第３項には「いじめを受けた児童等の生命及び心身を保護することが特に重要」とあります。「被害者保護」はいじめ対応の最重要課題です。
②	×	感覚過敏はHSC（Highly Sensitive Child）や発達障害の一つの特性と説明されます。心理的事実（本人の気持ち）をきちんと受け止め、丁寧な聴き取りに徹しなければなりません。
③	×	「気にしすぎ」「あなたにも悪いところがある」「もっと強くなりなさい」は、いじめ指導の際に口にしてはいけない「三大禁句」といわれます。
④	×	いじめの情報を通報しないのは法律違反です。「見守る＝何もしない」という事案が目立ちます。何の対応もしないでいるうちに、生徒の自殺未遂が起こった例もあります。
⑤	○	文部科学省通知（1985年６月）では、「いじめにより児童生徒の心身の安全が脅かされている場合」には、「指定校の変更」（学校教育法施行令第８条）・「区域外就学」（同第９条）の適用が促されました。
⑥	×	ガイドラインには、「可能な限り教職員、スクールカウンセラー、スクールソーシャルワーカー等が寄り添いながら、専門機関による支援につなげることが望ましい」とあります。
⑦	×	基本方針には、「必要に応じ、被害児童生徒の心的外傷後ストレス障害（PTSD）等のいじめによる後遺症へのケアを行う」とあります。
⑧	○	個々の教職員の役割を明確にして、組織的な支援体制を組むことが重要です。専門機関との連携にも留意する必要があります。
⑨	×	「子供の自殺が起きたときの背景調査の指針」は、遺族の「切実な心情」を理解し、「できる限りの配慮と説明」を行うよう求めています。亡くなった生徒の尊厳を守り、遺族に寄り添った対応が肝要です。
⑩	×	基本方針の改定（2017年３月）で、「いじめが解消している状態」の判断基準として、（1）いじめに係る行為が３か月止んでいると認められる、（2）心身の苦痛を感じていないことが、本人及び保護者との面談等により確認できる、の２つの要件が明示されました。

3-4 加害者の指導 解説

①から⑦までは、「生徒指導提要（改訂版）」3.6.2「懲戒と体罰、不適切な指導」に掲載された「不適切な指導と考えられ得る例」からの引用です。

①②	感情的・威圧的な言動は「指導」とは言えません。これからの考えや行動を自ら考える「解決志向」への支援が求められます。
③	組織対応は生徒指導の鉄則の一つです。法第23条第3項（いじめに対する措置）は、「当該学校の複数の教職員」による対応を定めています。
④	児童生徒の尊厳を損なうことがあってはなりません。法制定の目的は、「児童等の尊厳を保持するため」と明記されています（法第1条）。
⑤	『指導死』（大貫隆志編著、住友 剛・武田さち子著、高文研刊）に収められた事例の中には、清掃道具入れや校舎の隅の部屋での指導例があります。同書で取り上げられた、学校の「人目につかないように」との説明は説得力を欠きます。
⑥	部員の不祥事から部全体の活動を停止する等、「悪しき習慣」はいまだに散見されます。
⑦	「指導後の支援」は生徒指導の鉄則の一つです。これがなかったり、不適切であった場合、重大な問題が生じることを肝銘すべきです。
⑧	『いじめから子どもを守る』（鬼澤秀昌・篠原一生著、エイデル研究所刊）で詳述された事例が参考になります。いじめの加害者としての指導を行った生徒をフォローしようと家庭訪問したところ、その生徒が自殺してしまった事案です。事前連絡なしの家庭訪問が厳しく問われました。
⑨	「被害者保護」の原則を厳守しつつも、当該児童生徒及び保護者からの意見・決意等を十分聴き取ることが求められます。
⑩	「6過多指導」（嶋﨑政男著『図説・例解生徒指導史』、学事出版刊）は、「指導死」につながりかねません。次の6つの「過多」は厳禁です。 【過多人数】狭い部屋で、一人の児童生徒を多数の教師が取り囲む。 【過多時間】「監禁」に値する長時間をかけて詰問・叱責を続ける。 【過多詰問】他の問題の真相や同調者の名前等を無理矢理言わせる。 【過多追及】過去に遡っての問題や、別個の問題を厳しく追及する。 【過多反省】反省文や「生活記録」を課し、反省・謝罪を強要する。 【過多罰則】人権を侵害したり、尊厳を傷つけるような罰を与える。

「対応・対処」のナレッジマネジメント

1 速やかな早期対応 ⇒ 法第23条を厳守する

（1）「被害者保護」の最優先

いじめ指導の鉄則は、「被害者を守り抜く」・「いじめは断じて許さない」という確固たる姿勢で臨むことです。

被害児童生徒は、酷い仕打ちに対する恐怖感・屈辱感・無力感等に苛まれているだけでなく、「さらにいじめられるのではないか」という不安感に襲われています。「必ず守る」との決意を表明し、目に見える具体的な行動を示す必要があります。

校内委員会を核に、教職員の役割分担を明確にして、各自が自分の役割を遂行（最後までやり遂げる）しなければなりません。加害児童生徒の動向を注視する等「目に見える支援策」の担当、被害児童生徒の「心のケア」を担う教育相談担当、保護者や関係機関との連携を進めるコーディネーター役など、危機対応体制はあらかじめ決めておくことが大切です。

（2）事実関係の把握

いじめの実態把握は校内委員会の重要な業務です。速やかに会議を開催し、①いじめの対象、②いじめの構造（被害・加害・集団の構造）、③いじめの態様（方法、頻度、程度等）、④保護者の状況（認知、感情）、⑤二次的問題（有無、可能性）など、調査内容を確認し、担当者と実施方法を確認します。

このような内容はマニュアル化して、学校基本方針に明文化しておくことが求められます。

（3）法第23条に則った対処

法第23条には、いじめの通報、いじめの確認・報告、保護者への情報提供等の学校の義務が規定されています。これらを怠ることは法律違反となります。特に、第２項「設置

者報告」については、問題行動等の月例報告をもって「法第23条に規定される設置者への報告」としている例を散見しますが、時機を失することのないよう迅速な対応をしなければなりません。

　なお、第5項「いじめを受けた児童等の保護者といじめを行った児童等の保護者との間で争いが起きることのないよう、（略）必要な措置を講ずるものとする」との規定は、学校にとって最も難しい対処の一つです。設置者に助言（法第24条）を求めたり、関係機関の支援を受けたりするなどして、情報提供と個人情報保護の問題に慎重に対応する必要があります。

「いじめ早期対応」のナレッジマネジメント〈例〉

◎「被害者保護最優先」の不履行➡二次的問題（自死、疾病等）の危険性が高まる

◎設置者への速やかな報告の懈怠➡設置者が責務（法第7条及び第24条）を果たせなくなる

◎いじめを察知した担任が一人で対応➡法に則り複数の教職員で対応する

◎いじめを把握したら即警察通報➡「重大被害のおそれがあるとき」と規定されている

◎被害児童生徒の保護者に加害者情報を開示➡守秘義務・個人情報保護の観点から慎重を期す

2　事実把握
⇒ 速やかに聴き取り調査・アンケート調査を実施する

（1）事実確認のための措置

　いじめへの対処には、正確な事実確認が不可欠で、徹底的な調査を行う必要があります。法第23条第2項には、「速やかに、当該児童等に係るいじめの事実の有無の確認を行うための措置を講ずる」ことが定められています。

　その代表的手段が聴き取り調査・アンケート調査です。教育的配慮を理由に、これを忌避する状況を目の当たりにすることがあります。調査対象者に動揺を与える、児童生徒が疑心暗鬼になり、誤報や情報の捏造が懸念される等が理由として挙げられますが、法律上の義務であることを忘れてはなりません。新たな問題の発生が懸念される場合は、実施方法の工夫や心理的ケア体制を整えるなどして、正確な情報収集に努める必要があります。

（2）聴き取り調査の進め方・留意点

　関係児童生徒からの聴き取り調査では、法的証拠として使用可能で正確な情報を収集することを目的としながらも、被聴取者の精神的負担の軽減を目指す「司法面接」が参考になります。聴取に当たる者は、この面接法の留意事項等を共通理解して実施することが大切です。

　なお、次に示した留意点は、これまで問題になった聴取の在り方をナレッジマネジメントの観点からまとめたものです。

　①「個別に、別室で、同時に」行い、「口裏合わせ」を防ぐ。

　②対面での実施を原則とし、電話やメール等の手段は限定的にする。

　③場所、時間帯、聴取者（人数、性別等）などの聴取環境を整える。

　④机の位置（三角型やロの字型）や座席配置に留意する。

　⑤事前に本人の承諾とともに、保護者の了承を得る。

　⑥録音・記録について了解を得る。

　⑦他の影響を受けずに自由に発言できるよう、保護者等の同席は認めない。

　⑧和やかな雰囲気づくりに努め、「圧迫面接」にならぬよう言葉遣い等に配慮する。

　⑨聴き取りの記録は、個人のメモとして活用したものであっても、保存・廃棄については慎重に判断する。

　⑩法に定められた「いじめの有無を確認するための措置」は必ず実施する。

（3）アンケート調査の進め方・留意点

　アンケート調査は、いじめの早期発見を目指して行われる「定期調査」（法第16条）と、いじめの疑いを把握したときに「いじめの事実の有無の確認を行うための措置」（法第23条第2項）として行う「臨時調査」があります。また、法第24条に基づく「設置者調査」や重大事態発生時に調査委員会による調査が行われる際には、学校として協力することが求められます。

　実施に当たっては、次の点に留意する必要があります。

　①アンケートの実施について、年度始めの学校基本方針説明の際、保護者に周知する(学校基本方針に明記しておく)。

　②児童生徒が素直に気持ちを表すことができるよう、アンケート内容を工夫する。

　③状況に応じて、無記名式の様式で行うことも考慮する。

　④児童生徒が安心して回答できるよう、自由記述欄を縮小するなど、記述した者が特定

　されないようにする。

⑤家庭への持ち帰りを含め、児童生徒の目の前で大きな封筒に入れる等、回答者の匿名
　性確保に留意し、厳格な秘密保持に努める。

⑥結果のまとめは、記述の仕方（筆圧や訂正等）にも配慮しながら、2名以上で行う。

⑦結果のまとめは校内委員会で共有し、担当者、委員長、管理職の順番で決裁する。

⑧結果を被害児童生徒の保護者等に提供する場合は、個人名や筆跡等の個人が識別でき
　るものの保護に留意する。

⑨厳重に保管し、保存期限が近づいたら、十分確認をとった上で廃棄する。

⑩不登校児童生徒への実施は、意思を確認の上、実施方法を考慮して行う。

「事実把握」のナレッジマネジメント〈例〉

◎被害者・加害者同席の聴取➡いじめの深刻化・潜在化のおそれがある

◎調査結果の自己判断での廃棄➡「隠蔽」との批判が高まることがある

◎保護者了解なしの実施➡報告・連携義務違反を追及されることがある

◎結果の把握が担当者止まり➡管理職決裁・校内委員会での共有は必須

◎不登校児童生徒への調査未実施➡不登校児童生徒の現況把握は常に行う

◎被害児童生徒の保護者へ調査原本を提供➡個人が識別できる情報は保護する

3　被害者の支援
⇒「被害者保護」を最優先する

（1）被害者支援の進め方

　被害児童生徒に対する初期対応の要諦は、「絶対に守り抜く」という強い決意の下、<u>目に見える具体的な行動を組織的に展開</u>することです。

　「心のケア」も同時進行で行う必要があります。「いじめられた児童生徒の対応」の調査では、学級（ホームルーム）担任がその中心となっています。「遠くの専門家より近くの担任」といわれます。「話したいことがあったらいつでも来てね」と声をかけ、対話の機会が得られたら、心理的事実（つらい気持ちや不安感）の受容に徹します。

　場合によっては、SCや外部の関係機関の協力を仰ぎ、自殺・自傷行為・仕返し行動等の二次的問題の発生を防ぐ視点からの支援も重要です。

　<u>保護者との連絡を密に取り合い、当該児童生徒の支援の在り方について十分納得を得る</u>

ことも大切なポイントとなります。

　被害状況等の調査は、当該児童生徒の「話したくない」「思い出したくない」等の心情を見極め、拙速に事を運ばないようにします。

（2）被害を認めない場合等の対応

　いじめの被害に遭っている可能性が高い場合でも、被害を否定したり、被害は認めても家族への通報や加害児童生徒への指導を拒んだりすることがあります。このため、教職員が「様子を見る」という選択をして、いじめの深刻化を招いてしまった事案が存在します。

　このような申出をする被害児童生徒には、より酷いいじめに遭った経験や保護者に知られることで嫌な思い出をもつ者が少なくありません。しかし、「様子を見る＝何もしない」のでは、事態の好転は望めません。不安な気持ちは受け止めながらも、対応の仕方を複数提供し、本人に選択させるなどして、いじめ対応を進める必要があります。

（3）被害児童生徒が自死した場合の対応

　「子供の自殺が起きたときの背景調査の指針（改訂版）」（2014年7月）に従って、速やかに「基本調査」を行い、その後必要に応じ「詳細調査」を行うことになります。

　ご遺族の心情を慮った「寄り添う」姿勢が求められます。死亡原因の伝え方等をめぐってトラブルになるケースが多いので、一つ一つの取組を行う際には、ご遺族の意向を丁寧に聴き取ることが重要です。

（4）「いじめ解消」の判断

　基本方針には、①いじめに係る行為が相当期間（3か月目安）止んでいる、②被害児童生徒が心身の苦痛を感じていない、の2要件を満たして「いじめ解消」と判断する旨の記述がありますが、「必要に応じ、他の事情も勘案して判断する」とのただし書きには十分留意する必要があります。

> **「被害者の支援」のナレッジマネジメント〈例〉**
> ◎被害者の「非」を追及➡教師への不信感が強まる
> ◎「他に知らせないでほしい」という要望➡翻意を促す
> ◎被害者への不十分な「心のケア」➡二次的問題発生の防止に努める
> ◎加害者の謝罪をもって「いじめ解消」と判断➡2つの要件を満たす必要がある

4 加害者の指導
⇒ 成長支援と「いじめ否定」の視点をもつ

（1）加害者指導の基本姿勢

　加害児童生徒への指導の基本は、文部省通知「いじめ問題への取組の徹底等について」（1995年12月）の中で、次のように示されています。

> 　9　いじめる児童生徒に対する指導としては、いじめの非人間性やいじめが他人の人権を侵す行為であることに気付かせ、他人の痛みを理解できるようにすることを基本としつつ、学校生活において感じている不満や充足感を味わえない心理等を十分理解し、学校生活に目的を持たせ、人間関係や生活体験を豊かにする指導を根気強く継続して行うよう努めること。ただし、そうした指導にもかかわらず、なおいじめが一定の限度を超え、いじめられている児童生徒を守るために必要があると認められる場合には、いじめる児童生徒に対する出席停止の措置など厳しい対応策をとることも必要であること。

　なお、「生徒指導提要（改訂版）」には、法第9条「保護者は（略）規範意識を養うための指導その他の必要な指導を行うよう努める」に関して、「厳しく指導する側面を強調し、『いじめをしない子供』に育つように成長支援という視点から働きかける方向性が弱い」との記述がありますが、加害児童生徒の「成長支援」を重視しつつも、被害児童生徒の「成長」を阻害する行為に対しては厳格な姿勢が求められます。

（2）「6過多指導」の禁止

　「生徒指導提要（改訂版）」に示された指導理念は「支える」で、「指導や援助は必要に応じて行う」ものとされています。チェックリストに示したような指導は、「指導」にも値しないものと言えます。加害者指導も生徒指導の基本姿勢「心理的事実の受容・誤った客観的事実の指摘・解決策の主体的提示の支援」に則って行う必要があります。

　指導者数、指導時間、詰問数、追及質問数、求める反省、課す罰則が過多となる「6過多指導」は避けなくてはなりません。

（3）責任を自覚できる指導事例

①解決志向の指導（「信」「伝」「任」「認」）

　いじめを行った児童生徒に対して「どうしたの？」と問い、「○○だったから」などと、いじめに至った理由を述べたら、心理的事実（○○に至った気持ち）は受容します。「信」じているから。しかし、いじめという客観的事実を認めるわけにはいきませんから、その非をアイ・メッセージ（「私」を主語に）で「伝」えます。そして「任」せます。「どうする？」「どうしたらよい？」と。その決断が好ましければ「よい考えだね」などと「認」めます。

②役割交換書簡法（ロールレタリング）

　いじめる児童生徒に「いじめられている○○君になったつもりで、自分宛に手紙を書いてごらん」と促し、その後交互に、手紙への返信を繰り返すことで、相手の立場に立って考えたり、自分の問題に気づいたりする成果を求める方法です。

③ゲシュタルト療法の「エンプティ・チェア」

　椅子を準備し、「この椅子に君がいじめている○○君が座っているとしたら、どんなことを伝えたいですか。何を言ってもかまいません」と指示し、自由に語ってもらいます。自由発言の中での「気づき」を大切にします。

（4）法に基づく措置

①別室学習（第23条第4項）

　いじめを行った児童生徒を「いじめを受けた児童等が使用する教室以外の場所」で学習を行わせるもので、「別室学習」と呼ばれています。学習権や指導体制等の問題があり、成果を上げることが難しい状況です。

②懲戒（第25条）

　法的懲戒の事例は少なく、口頭注意等の事実上の懲戒や学校謹慎等のグレーゾーンに属する「指導」が行われる例は仄聞します。

③出席停止（第26条）

　ほとんど行われていません。手続の煩雑さに加え、指導する教職員不足が大きな理由です。「やらない」のではなく、「できない」のです。

④警察署との連携等（第23条第6項）

　第23条第6項は、「いじめが犯罪行為として取り扱われるべきものであると認めるとき」の、警察署との連携等について規定されています。

また、文部科学省は2023年2月、犯罪行為に当たるいじめの19例を示し、警察への相談や通報の徹底を求める通知「いじめ問題への的確な対応に向けた警察との連携等の徹底について」を発出しました（表3参照）。

表3 警察に相談又は通報すべきいじめの事例

いじめの具体例（態様）	法律名（罪名）
ぶつかられたり、たたかれたり、蹴られたりする	刑法208条（暴行）
突き飛ばされたりたたかれたりしてケガをする	刑法204条（傷害）
上履きや文房具などを隠されたり、壊されたりする	刑法261条（器物損壊等）
お金を盗まれたり、物をお金に換えられたりする	刑法235条（窃盗）
脅されてお金をとられたり、物を買わされたりする	刑法249条（恐喝）
無理矢理、嫌なこと・恥ずかしいこと等をさせられる	刑法223条（強要）
「ばい菌」などと、悪口や嫌なことを言われる	刑法231条（侮辱）
公然と容貌等を誹謗・中傷される	刑法230条（名誉毀損）
裸が写った写真を拡散するなどと脅される	刑法222条（脅迫）
脅されて性器や胸・尻等を触られる	刑法176条（強制わいせつ）
「死ね」とそそのかされ、自殺に至る	刑法202条（自殺関与）
自身の性器や下着姿の写真・動画を撮影してスマートフォンで送らされる	児童買春、児童ポルノに係る行為等の規制及び処罰並びに児童の保護等に関する法律（児童ポルノ禁止法）7条（児童ポルノ所持、提供等）
別れた腹いせから、元交際相手に性的な写真等をネット上に公表される	私事性的画像記録の提供等による被害の防止に関する法律（リベンジポルノ被害防止法）
盗撮、痴漢行為、つきまとい行為等を受ける	迷惑防止条例（盗撮等）

上記文部科学省通知（2023年2月）を基に作成

「加害者指導」のナレッジマネジメント〈例〉

◎「加害者」表記に保護者から抗議➡「関係児童（生徒）」と記述する

◎「指導死」につながりかねない指導➡厳禁。指導方法を精査する

◎人権侵害と糾弾される指導➡体罰等が行われると懲戒処分を受ける

◎懲戒等の措置の未措置➡安全保持義務違反を問われることがある

◎被害児童生徒の保護者が加害者の「転校」要求➡法的根拠はない

◎警察通報に抗議➡法に則っていることへの理解を求める

4 重大事態の調査

■ チェックリスト

4-1 重大事態の把握

＊次の記述が適切な場合は○を、不適切な点がある場合は×をつけてください。

	チェック項目	○・×
①	いじめにより、児童生徒の生命、心身又は財産に重大な被害が生じた、又は相当の期間学校を欠席することを余儀なくされている、との疑いがあると、設置者又は学校が認めたものを、「重大事態」とする。	
②	重大事態の要件に「いじめにより」とあるので、不登校のきっかけに、いじめが多少関係していても、欠席の長期化には別の要因が考えられる場合は、重大事態と認定する必要はない。	
③	重大事態の認定を求めるときに、PTSDや適応障害の診断書を提出する例が増えているが、いじめとの因果関係が明らかでない場合は、重大事態とは認定しない。	
④	被害児童生徒や保護者から「いじめにより重大事態が生じた」という申立てがあったら（「いじめ」という言葉を使わなくとも）、重大事態が発生したものとして対応しなければならない。	
⑤	不登校重大事態の調査主体は、不登校児童生徒への支援を並行して行わなければならないため、「調査主体は学校とする」と決められている。	
⑥	不登校重大事態は、「欠席日数が年間30日」を目安にしているので、30日に達するまでは、重大事態としての対応を行う必要はない。	
⑦	児童生徒がいじめが原因で退学（高等学校や私立の小中学校等）したり、転校したりした場合は、児童生徒が在籍していないので、重大事態としての調査は要しない。	
⑧	公立学校は、重大事態が発生した場合、速やかに学校の設置者に重大事態が発生した旨を報告しなければならない。	
⑨	法第28条には、重大事態の発生（認知）報告及び調査結果報告の規定がないので、学校又は設置者は、同条第2項にある被害児童生徒・保護者に事実関係等を提供すればよい。	
⑩	学校又は設置者が行った重大事態の調査について、再調査が実施される場合があるが、その判断基準としてガイドラインには、「十分な調査が尽くされていない」「調査委員の人選の公平性・中立性について疑義がある」等、4つの要件が示されている。	

4－2 重大事態の調査

＊次の記述が適切な場合は○を、不適切な点がある場合は×をつけてください。

	チェック項目	○・×
①	重大事態を認定する前の段階で、校内委員会が法第23条第2項に基づいた調査を実施している場合には、同項に基づく調査に係る調査資料の再分析を第三者に依頼し、重大事態調査とすることがある。	
②	公立学校の設置者が調査主体の場合、教育委員会が法第24条に基づいて行う調査をもって重大事態の調査とすることができる。	
③	「調査実施前の説明」を行うときに、被害児童生徒の保護者から第三者委員会の構成について多くの要望が出されても、委員の変更はできないことになっている。	
④	調査主体は、調査の実施前（目的・方法等）、実施中（経過報告）、終了後（調査結果）に、被害児童生徒・保護者に説明を行う。加害児童生徒・保護者に対しては、実施前の説明・終了後の情報提供を行う。	
⑤	調査主体は調査実施中、被害児童生徒・保護者に対して、調査の進捗状況等の経過報告を行うことになっているので、調査主体事務局は、委員会開催日・出席者・調査内容（項目）を文書で報告した。	
⑥	第三者委員会が円滑に活動を進めるには事務局の役割が大きい。学校や教育委員会との連絡・調整の機会が多いので、第三者委員会事務局は、調査主体の事務局が兼任することが望ましい。	
⑦	基本方針に従い、被害児童生徒・保護者の申出を受け、「地方公共団体の長等による調査」が実施されることになったので、公立学校の設置者は法第14条第3項に規定される附属機関による調査を打ち切った。	
⑧	学校主体で不登校重大事態の調査を実施中に、児童生徒が学校復帰した場合、その時点までの情報をまとめれば、調査を終了することができる。	
⑨	調査主体が地方公共団体の長等に調査結果を報告する際、被害児童生徒・保護者は、調査結果に係る所見をまとめた文書を添えることができるので、被害児童生徒・保護者への情報提供・説明は、それ以前に行う必要がある。	
⑩	調査の途中で当該児童生徒が卒業してしまったので、それまでの調査結果をまとめたものを調査報告とした。	

4−3　第三者委員会

＊次の記述が適切な場合は○を、不適切な点がある場合は×をつけてください。

	チェック項目	○・×
①	第三者委員会は、「当該事案の関係者と直接の人間関係や特別の利害関係のない者」5名程度で組織される委員会で、学校の設置者が調査主体となる場合のみ設置される。	
②	教育委員会が調査主体となる場合、法第14条第3項に定める附属機関が調査の主体となることが決められている。	
③	調査開始前の被害児童生徒及びその保護者への説明の折、委員の変更を求められたが、調査主体として責任をもって選出した委員であれば、申出を断ることができる。	
④	教育委員会が調査主体の場合、事務局は学校との接触機会の多い部署（指導課等）を避けることが望ましい。また、第三者委員会の事務局は調査主体事務局とは分離することが望ましい。	
⑤	学校主体の場合は、人材・予算確保の面から第三者委員会を立ち上げることが困難であるため、校内委員会に第三者委員を数名加えるか、校内調査委員会の調査結果を第三者に検証してもらうことが多い。	
⑥	第三者委員会には「捜査権」に相当する職権が付与されるので、関係児童生徒・保護者や学校関係者等は、聴き取り調査や資料提出の請求があった場合には、必ず応じなければならない。	
⑦	調査が終了したら、第三者委員会は被害児童生徒・保護者に対し、調査結果や必要な情報を提供し、訂正要求等について審議し、必要に応じて要求に応じる等、調整に努めることになっている。	
⑧	被害児童生徒・保護者を支援する団体から、第三者委員会の傍聴・出席を求められた場合には許可している。	
⑨	第三者委員会を開催する際には、委員への報償費・交通費等のほか、会場・記録等の費用がかかる。10〜30回の開催では数百万円になることもある。このため、法第10条では財政上の措置が定められている。	
⑩	法第28条第1項の調査に並行して「地方公共団体の長等による調査」が行われる場合は、調査主体が調査を諮問した第三者委員会による調査を行う必要はない。	

4－4 重大事態調査の課題

＊次の記述が適切な場合は○を、不適切な点がある場合は×をつけてください。

	チェック項目	○・×
①	「『頑張れ』と励まされた」、「笑われたような気がする」等を理由として、保護者から重大事態の認定を求められることがあるが、「重大」の意味を曲解されかねないので拒否している。	
②	高校3年生の生徒の保護者から「子供が小学校2年生のとき、隣席の子から蹴られた。今でもトラウマとなっているので、重大事態として調査してほしい」との申出があったが、法第28条には「いじめにより当該学校に在籍する児童等」とあるので、(1)「いじめによる」の判断ができない、(2) 在籍していない、の2つの理由から申出を断った。	
③	調査開始直後、いじめを行った児童の保護者から「わが子こそ被害者」との申立てがあった。このため、この件を重大事態として認定・報告し、2件の重大事態の調査を進めることとした。	
④	第三者委員会を組織するに当たって、1つの学会から委員の推薦が得られなかったので、実績のある有識者に依頼した。被害児童の保護者から「ガイドラインに従っていない」との訴えがあったが、却下した。	
⑤	ガイドラインには、4か所に「被害児童生徒・保護者に寄り添う」という記述がある。このため、委員選出、調査結果の提供、公表の在り方等は、被害児童生徒・保護者の意向に従わなければならない。	
⑥	被害児童生徒の保護者から「報告書を完成させた時点で手交（手渡し）してほしい」との要望を受け、第三者委員会はこれに応じた。	
⑦	被害児童生徒の保護者から、「重大事態としての調査はやめてほしい」と言われたので、調査を中止した。	
⑧	調査結果を公表すると、個人名まで特定されることがあり、二次被害の発生も懸念されるので、公表はしないこととしている。	
⑨	被害児童生徒・保護者から提出された所見に、「再調査」の希望が述べられていたら、必ず再調査を実施しなければならない。	
⑩	再調査を行う委員会は、関係児童生徒・保護者、学校・教育委員会・関係機関の職員等からの事情聴取や資料提供について、強制力を伴った権限が与えられる。	

■ 解答と解説

4−1 重大事態の把握 解答と解説

①	○	基本方針では、生命・心身・財産への重大被害を第1号、不登校を第2号とし、設置者又は学校が判断するとしています。
②	×	不登校が「長期化した」要因が不明確でも、不登校に「なった」要因に「いじめ」が多少であっても含まれるのであれば、法第28条に基づく対応が求められます。
③	×	基本方針では、第1号「重大な被害」に（1）自殺の企図、（2）身体への重大な傷害、（3）金品等の重大被害、（4）精神疾患の発症を想定しています。調査開始時点では、「因果関係が明らかでない」との視点も大切で、「因果関係の特定を急ぐべきではな」い（基本方針）ともされています。
④	○	ガイドラインには、「学校が『いじめの結果ではない』あるいは『重大事態とはいえない』と考えたとしても、重大事態が発生したものとして報告・調査等に当たる」とあります。
⑤	×	指針には「学校が調査に当たることを原則とする」とありますが、調査主体の決定は個別の事案ごとに設置者が行います。
⑥	×	基本方針には、「児童生徒が一定期間、連続して欠席しているような場合」は、「学校の設置者又は学校の判断により、迅速に調査に着手することが必要である」との記述があります。
⑦	×	ガイドラインにあるとおり、「退学・転校に至るほど精神的に苦痛を受けていたということであるため、生命心身財産重大事態に該当することが十分考えられ」るとの視点から、適切に対応しなければなりません。
⑧	×	法第30条には、重大事態が発生した旨を、「地方公共団体が設置する学校は、（略）教育委員会を通じて（略）地方公共団体の長」に、「報告しなければならない」と定められています。
⑨	×	法の記述が分かりづらいのですが、発生（認知）及び調査結果の報告については、第29条から第32条に定められています。それぞれ第1項で発生報告を規定し、再調査について述べた第2項が「前項の規定による〜」で始まっているため誤解が生じているようです。
⑩	○	ガイドラインには再調査の判断をする際の4つの要件が示されています。法にも再調査の要件を明示する必要があるでしょう。

4−2　重大事態の調査　解答と解説

①	○	このような場合がありうることが、ガイドラインに示されています。また、校内委員会調査で事実関係の全貌が明らかにされ、被害・加害児童生徒及びその保護者が納得しているときは、あらためて第三者委員会を立ち上げないこともあります。
②	×	組織構成が教育委員会職員のみとなるため、当該いじめ事案の関係者と直接の人間関係又は特別の利害関係を有しない者（第三者性）という要件が問題となり、中立性に疑義があります。
③	×	「調査実施前の説明」での被害児童生徒・保護者からの要望は、「構成員の公平性・中立性・専門性の確保の観点から、必要と認められる場合」には、「調整」を行うため、委員が変更されることがあります。
④	×	本記述は基本的には誤っていませんが、調査実施前の説明は、調査主体又は第三者調査委員会のいずれかが行います。
⑤	○	調査・審議内容の報告を求められることが多々ありますが、非公開の調査会の内容まで伝えることは公平性確保の面からも問題があるので、注意が必要です。
⑥	×	第三者調査委員事務局は、第三者に業務を委託することが望ましいのですが、人材・予算の確保面から困難です。調査主体事務局と分離させたり、首長部局内に設けた部署に委ねたりする等の工夫が求められます。
⑦	×	並行調査は、自死事案でご遺族が調査当初から地方公共団体の長等の下での調査を希望されたことから追記されたもので、法律の外で行われるものです。法に基づく調査は継続しなければなりません。
⑧	○	指針の「調査結果の取りまとめ」にはこの趣旨の記載があり、ガイドラインには不登校重大事態の調査について、「『不登校重大事態に係る調査の指針』に沿って行うこと」とあります。
⑨	○	調査主体は第三者委員会から答申を受け、今後の対応策の策定、被害児童生徒・保護者への情報提供・説明、加害児童生徒・他の児童生徒への情報提供、地方公共団体の長等への報告等、公表の準備・判断等、多忙を極めます。計画的に実施することが大切です。
⑩	×	卒業前に調査を終えることが望ましいのですが、困難な場合は卒業後も調査を継続することになります。

4-3 第三者委員会 解答と解説

①	×	法第28条第1項に規定される組織（委員会）で、学校が調査主体になるときにも設置されることがあります。この場合、学校の設置者が、必要な指導・支援を行うことになっています（同条第3項）。
②	×	急遽、附属機関を立ち上げるのが困難なため、地方公共団体のいじめ対策を実効的に行うために設置した機関（法第14条第3項）が調査に当たることが多いですが、新設の附属機関が調査に当たることもあります。
③	○	ガイドラインには、「必要と認められる場合は（略）調整する」とありますが、第三者性・公平性・専門性をクリアしていれば問題ありません。「調整」とは要求を全て受け入れることとは違います。
④	○	教育委員会主体の場合は、第三者委員会の公平性を保持するため、事務局は教育委員会事務局以外が担うことが望ましいでしょう。
⑤	○	私立学校の場合は、学校法人が第三者委員会を設置することが大半ですが、公立学校では人的・財政的に大きな制約があります。数名の外部専門委員が校内調査の検証を行うことが多くなっています。
⑥	×	いわゆる「捜査権」はないので、関係児童生徒・保護者や関係者からの聴き取りや資料提出に応じてもらえないことが多々あります。
⑦	×	第三者委員会は教育長等から「諮問」を受け、調査を尽くし報告書にまとめたものを「答申」します。調査結果等の提供は調査主体の役割です。第三者委員会の役割は「調査」であり、「調整」ではありません。
⑧	×	第三者委員会は個人情報を扱うことが多く、原則非公開です。代理人としての参加を求められることがありますが、弁護士法第72条との関係の確認や代理人選任届の提出等、手続を踏む必要があります。
⑨	×	各地で安価すぎる委員報酬が問題になっています。日本弁護士連合会等からは意見書が出されています。このため、委員確保に窮する地方公共団体も少なくありませんが、法第10条は第三者委員会費用を想定していません。
⑩	×	並行調査は、調査当初から地方公共団体の長等による調査を希望する場合を想定して基本方針に追記されたもので、法に基づくものではなく、調査主体による調査が法に則ったものです。調査主体の調査結果（「原調査」と呼ばれる）についての調査は、「再調査」と呼ばれます。

4-4　重大事態調査の課題　解答と解説

①	×	ガイドラインには、被害児童生徒・保護者から「いじめにより重大事態が生じた」との申立てがあったら、「重大事態が発生したものとして報告・調査に当たる」と示されています。
②	×	法第28条には「在籍する」と明記され、法改正の審議では、これに「若しくは在籍した」を加える案が出されていますが、実際には、卒業生及びその保護者からの申立てにより調査が行われています。
③	○	保護者から申立てがあった場合は「認定する」ことになっています。調査に当たっては、組織・方法等を工夫する必要があります。
④	○	ガイドラインに示されたとおりの選出が望ましいのですが、（1）公平性、（2）専門性、（3）第三者性の3点が担保されているのであれば、「推薦等」は例示規定であり、努力義務として示されているので、委員会の早期発足を優先させてよいと思われます。
⑤	×	「寄り添う」ことは、真実を知りたいという心情を理解し真摯に対応することで、「言いなりになる」こととは違います。誠意をもった対応が求められます。
⑥	×	設置者が第三者委員会に調査を「諮問」した場合、「答申」をする相手は教育長等です。第三者委員会が被害児童生徒の保護者に直接提供する例を散見しますが、「提供する」の主語は「設置者又は学校」です。
⑦	×	設置者・学校の対応の検証や再発防止策の策定のためには調査は必要です。
⑧	×	「特段の支障がなければ公表する」が原則です。公表のデメリットの低減策等を検討の上、「学校の設置者及び学校」が判断します。
⑨	×	再調査の可否を検討する委員会を設けている地方公共団体があります。要望を受けた場合は、再調査の要件を慎重に判断します。
⑩	×	原調査を担当した第三者委員会と同じで、捜査権のような権限はありません。時間の経過や調査対象者の意識の変化等もあり、調査期間が数年に及ぶことがあります。調査対象等に大差がない中、原調査と大きく違う結果が出ることがあります。調査主体は両者の相違点についての検証が必要です。

「重大事態の調査」のナレッジマネジメント

１　重大事態の把握
　⇒ ガイドラインの理解を深める

（１）重大事態の定義

法第28条第１項に、次のように定められています（下線は筆者加筆）。

> 　学校の設置者又はその設置する学校は、次に掲げる場合には、その事態（以下「重大事態」という。）に対処し、及び当該重大事態と同種の事態の発生の防止に資するため、速やかに、当該学校の設置者又はその設置する学校の下に組織を設け、質問票の使用その他の適切な方法により当該重大事態に係る事実関係を明確にするための調査を行うものとする。
>
> （１）いじめにより当該学校に在籍する児童等の生命、心身又は財産に重大な被害が生じた疑いがあると認めるとき。
>
> （２）いじめにより当該学校に在籍する児童等が相当の期間学校を欠席することを余儀なくされている疑いがあると認めるとき。

（２）重大事態の内容

基本方針には、次のように規定されています（要約）。

> 第１号「生命心身財産重大事態」
>
> 　①児童生徒が自殺を企図した場合　②身体に重大な傷害を負った場合
>
> 　③金品等に重大な被害を被った場合　④精神性の疾患を発症した場合
>
> 第２号「不登校重大事態」
>
> 　「相当の期間」は「30日を目安とする」。ただし、児童生徒が一定期間、連続して欠席しているような場合には、上記目安にかかわらず、迅速に調査に着手する。

（3）重大事態の認定

　重大事態は、①いじめによる重大被害の存在、②いじめ被害との因果関係の認定2要件が満たされた場合に、設置者又は学校が認定しますが、ガイドラインには、被害児童生徒や保護者からの申立てをもって認定する旨の記述があり、法を基に作られたガイドラインが法より優先されているのが現状です。

> **「重大事態の把握」のナレッジマネジメント〈例〉**
>
> ◎保護者の訴えを「重大」でないと判断➡重大事態として調査等を行う
> ◎5年前の卒業生からの重大事態認知の訴え➡原則、調査を実施する
> ◎「いじめにより」の要件を満たさない➡保護者の申立ては受け入れる
> ◎重大事態認知の未措置➡組織を設けての調査を「速やかに」実施する
> ◎重大事態認知の遅滞➡「疑いのある」段階で早期に認知する

2　重大事態の調査　⇒ 調査の流れ・留意点を周知する

（1）「調査主体」・「調査の主体」の決定

　公立学校が重大事態を認知した場合、教育委員会を通じて、重大事態が発生（認知）した旨を地方公共団体の長に報告します。調査の中核（調査主体）を学校とするか、設置者（教育委員会）とするかの決定は設置者が行います。

　学校主体の場合、「調査の主体」は①校内委員会に第三者を加えた組織、又は②学校が立ち上げた第三者委員会のいずれかとなります。

　設置者主体の場合は、教育委員会であれば、法第14条が定める附属機関又は個々の事案について設けられた附属機関を「調査の主体」（第三者委員会）とし、教育長が審議事項について「諮問」を行います。

（2）被害児童生徒・保護者等への説明

　ガイドラインには、被害児童生徒・保護者に対して、調査前・調査中・調査後の説明等について、説明を行う主体を次のように定めています。

　①調査前：調査主体又は第三者委員会等。状況に応じて判断する。

②調査中：設置者又は学校が「調査の進捗状況等の経過報告」を行う。

③調査後：設置者又は学校が「情報提供及び結果の説明」を適切に行う。

＊加害児童生徒・保護者に対しては、調査前・調査後に「説明」を行う。

（3）調査結果が出された後の対応

調査結果は調査報告書としてまとめられます。設置者及び学校は、これを受け調査結果・その後の対応方針について、地方公共団体の長等に対して報告・説明します（このとき、被害児童生徒・保護者は調査結果に係る所見を当該報告に添えることができます）。地方公共団体の長等は、十分な調査が尽くされていないなどと判断した場合、再調査を行い、その結果を議会に報告することが定められています。

また、設置者又は学校は、被害児童生徒・保護者に対して調査に係る情報提供及び調査結果の説明を行わなければなりません（法第28条第2項）。

さらに、ガイドラインには、設置者・学校が調査結果を踏まえて対応すべきこととして、（1）調査結果の公表についての検討・判断・実施、（2）加害児童生徒等への調査結果の情報提供、（3）被害児童生徒への支援、（4）加害児童生徒に対する指導、（5）再発防止策の検討・実施、（6）教職員の懲戒処分等の要否の検討等が示されています。

「重大事態調査」のナレッジマネジメント〈例〉

◎調査中の審議内容の説明要求➡「調査の進捗等」の「等」を明確にする

◎第24条調査を重大事態調査に代替➡第三者性に問題があり認められない

◎並行調査の実施で第三者委員会の調査中断➡法に基づく調査は続行する

◎被害児童生徒・保護者への答申前の報告書の開示➡答申は諮問した者に対して行う

◎調査中の審議内容の開示要求➡非公開の会議での審議内容は開示できない

3　第三者委員会　⇒ 公平性・専門性・第三者性を堅持する

（1）第三者委員会の構成

ガイドラインの「調査組織の構成」には、次のように記されています（下線は筆者加筆）。

> 　調査組織については、<u>公平性・中立性</u>が確保された組織が客観的な事実認定を行うことができるよう構成すること。このため、弁護士、精神科医、学識経験者、心理・福祉の専門家等の<u>専門的知識及び経験</u>を有するものであって、当該いじめの事案の関係者と直接の人間関係又は特別の利害関係を有しない者（<u>第三者</u>）について、職能団体や大学、学会からの推薦等により参加を図るよう努めるものとする。

　また、聴取対象者が多数であったり、分析・検証を必要とする資料が膨大な場合は、「調査員」や「補助員」として数名が選任される場合があります。

　なお、関係者からの聴取や資料の分析等は5名程度で構成される第三者委員が行いますが、関係児童生徒・保護者との連絡、聴取対象者との日程調整、資料収集・整理・保管等の実務を担う事務局の役割は重要です。

（2）第三者委員会の役割

　ガイドラインには、いじめの重大事態の調査の目的は「民事・刑事上の責任追及やその他の争訟等への対応を直接の目的とするものではなく、**いじめの事実の全容解明、当該いじめの事案への対処及び同種の事案の再発防止**」と記されています。第三者委員会の主たる職責は、この目的を達成することです（しかし、第三者委員会報告書が争訟で使われることがあります）。

　第三者委員会は調査目的・調査組織の確認の後、調査事項・方法を検討し、調査計画を立てます。この計画に基づき、各種資料の分析・検証、関係者からの聴取、その他必要に応じてアンケート調査等を行い、調査結果を報告書にまとめます。

（3）第三者委員会を設けた調査を実施しない場合

　ガイドラインには、「学校いじめ対策組織の法第23条第2項に基づく調査」が行われている場合、①第三者による再分析、又は②必要に応じた新たな調査の実施により「重大事態の調査とする場合があること」、③被害児童生徒等の関係者が納得しているときは、「第三者調査委員会を立ち上げた調査を行わない場合があること」が示されています。

「第三者委員会」のナレッジマネジメント〈例〉

◎「学会等からの推薦がない」と委員の罷免要求➡原則「推薦」を得るが、「等」のついた例示規定で、努力義務でもあり「罷免」には当たらない

◎被害児童生徒の保護者からの委員交代要求➡必要と認められる場合に「調整」を行う。合理性のない要求は拒むこともある

◎聴き取り調査の拒否➡調査に支障を来すが、強制はできない

◎被害児童生徒の保護者の調査開始前説明への不参加➡文書送付により代替する

◎第三者委員への不当な要求・誹謗（ひぼう）➡文書による注意喚起等、厳正に対処する

◎指導課が事務局を担うことへの疑義➡調査主体事務局と分離する等の対応を行う

◎第三者委員会への参加・傍聴要求➡原則「非公開」、規定を設けておく

4　重大事態調査の課題
⇒ 疑義が生じた場合は教育委員会等に確認する

　重大事態の調査に関わる、いじめ事案の関係者及び設置者・学校等からの問題提起・疑問提示は多岐に及びます。以下に例示し、問題の捉え方や解決の方向性をまとめますが、公式見解が出されていなかったり、地域によって対応が違うことがあったりしますので、疑義が生じた段階で都道府県教育委員会等に確認をとってください。

【重大事態の認定について】

(1)「認定しない」、「認定が遅い」と批判される➡学校は法第23条及び第28条に則った適切な措置を行う。設置者は「重大事態の認定を逡巡（しゅんじゅん）することがなかったか」「手続等に課題がなかったか」などを厳しく検証する。

(2) 法第28条には重大事態認定の2要件が示されているが、これを満たさない事案を認定してよいか➡ガイドラインに「被害児童生徒や保護者から、『いじめにより重大な被害が生じた』という申立てがあったとき（略）重大事態が発生したものとして報告・調査等に当たること」とある。

(3) 被害児童生徒・保護者が重大事態の認定を拒否する場合の対応は➡重大事態の調査では、設置者・学校の対応の検証や、再発防止策の策定等の意義もあるので、被害児童生徒等に心理的苦痛等の二次被害が及ぶことのないよう調査方法等を丁寧に説明した上で実施する必要がある。

(4) 不登校重大事態は、欠席が30日に達するまでは認定しなくてよいか➡基本方針には、「年間30日を目安とする」に続き、「ただし、児童生徒が一定期間連続して欠席して

いるような場合には、（略）迅速に調査に着手する必要がある」とある。

(5) 退学・転校した場合は「在籍していない」ため、重大事態に認定する必要はないか➡「退学・転校に至るほど精神的に苦痛」を受けていたということであるため、生命心身財産重大事態に該当することが十分考えられ、適切に対応する必要がある。

(6) 重大事態として調査中、加害児童生徒の保護者から「被害を訴えている側が加害者」との訴えがあったら、重大事態が2件発生したものとして対応すべきか➡「保護者の申立てがあったら調査に当たる」との原則に従う。委員会の設置、調査方法、報告書作成等については、教育委員会等と十分協議する必要がある。

(7) 母親から、高校3年の子供が小学2年のときに受けたいじめを重大事態として調査するよう要望が出された➡法第28条には「当該学校に在籍する」とあり、法改正の審議では、これに「若しくは在籍していた」を加える案が出されているが、「『在籍する』には『在籍していた』を含む」との解釈がある。18年前（小学5年在籍当時）のいじめについて、16回目の陳情の末に第三者委員会が設けられた事例もあり、今後、長期間経った事案の調査が増加することも考えられる。

(8) 教育委員会（学校法人）から学校主体の調査を求められたが、不安である➡法第28条第3項は「設置者による指導・支援」が規定されている。人的・財政的支援も予定されている。

【第三者委員会・委員について】

(1) 「調査対象でもある設置者・学校が委員を選定するのは不公平」との訴えがある➡ガイドラインの調査組織について述べた文章の主語は「設置者・学校」である。「調整」は必要だが、公平性・専門性・第三者性が担保されていれば問題はない。

(2) 「推薦」を受けずに委員を選定するのは違法との訴えがあった➡ガイドラインは第三者性等の3要件を重視しており、「推薦等」とあるとおり、推薦以外の選定も考えられる例示規定であり、努力義務としている。

(3) 被害を訴えた側からの推薦者を委員に選任すべきか➡3要件を満たす必要がある。審議過程においては公平性・中立性を堅持しなければならない。

(4) 第三者委員会を立ち上げることが困難➡委員選出が困難であることが大きな原因である。業務の煩雑化や予算不足等が人材確保の障害となっている。全国的な課題であるため、全国組織で取り組むことが望まれる。

(5) 被害児童生徒の保護者から委員交代の要求が出された➡被害児童生徒の保護者への「支援」は法に定めがあり、ガイドラインには「寄り添う」姿勢が強調されているが、「要望を全て受け入れること」とは違う。調査前の説明の際、訴えの趣旨を汲み取り、

必要があれば「調整」する。

（6）要求を受け入れられないことを理由に、保護者が説明の会への出席を拒否する➡数度の依頼に応じてもらえないときは、「文書による説明」も考慮する。

（7）教育委員会事務局が第三者委員会の事務局を担っている。担当者の多くは教員出身者であることから、「身内意識が公平な調査を阻害しているのでは」との申入れがあった➡事務局担当者は第三者性を備えていることが望ましいが、人的・財政的な問題があり、新たな人員を確保することは難しい。このため、調査主体事務局と第三者委員会事務局を分け、第三者事務局員に教育委員会事務局以外の人材を充てる等の対応をとるといった、できうる限りの対策をとるよう努める必要がある。

【調査の進め方等について】

（1）法第23条の学校調査及び法第24条の設置者調査を重大事態調査に代替できないか➡法第23条第2項の学校調査については、149ページを参照のこと。第24条の設置者調査は、報告を受けた設置者が必要に応じて調査等を行うことを定めたもので、これをもって重大事態調査に代えることはできない。

（2）地方公共団体の長等が、学校又は設置者が主体となって行う調査と同時に、調査（並行調査）を行うのであれば、学校又は設置者主体の調査は必要ないのではないか➡基本方針では、法第28条に基づく調査との「並行調査」が想定されているが、「並行調査」には法的根拠がないので、学校又は設置者主体の調査は実施しなければならない。

（3）「並行調査」の位置付けがはっきりしない。基本方針に記述があるのはなぜか➡「いじめ防止対策推進法・いじめ防止基本方針　よくあるご質問」（文部科学省ホームページ）には、「各地域で自殺の背景調査の進め方について様々な実例があることを踏まえ、ご遺族が当初から、地方公共団体の長等の下での調査を希望されるケースがあった場合を想定して追記されたものです」と説明されていた。

（4）第三者委員会には「捜査権」に当たるものがなく、聴取に応じてもらえなかったり、資料の提出を断られたりすることが多々あり、適切な調査が進められないことがある➡現行制度の最大の問題ともいえる。改善策の検討を要する。

【「調査報告書」作成後の対応について】

（1）重大事態発生（認知）報告は、法第29条から第32条に定められているが、調査結果報告はしなくてよいのか➡どの条文も第2項の読み取りに問題がある。「前項の規定による報告」を発生（認知）報告と捉えると、次に続く「再調査」に係る記述で混乱してしまう。第2項は調査報告を受けたことが前提になっていることに留意し

なければならない。

(2) 第三者委員会が作成した調査報告を、地方公共団体の長等に報告・説明する前に被害児童生徒・保護者に情報提供・説明するよう求められた➡法第28条第2項及びガイドラインに明記された「被害児童生徒・保護者への調査結果等の提供を行う」の主語は「設置者又は学校」である。第三者委員会の責務は、教育長等の「諮問」に対して「答申」を行うことである。

(3) 被害児童生徒の保護者に加害児童生徒の住所・家族構成等を提供してよいか➡法第28条第2項には、「当該調査に係る重大事態の事実関係等その他の必要な情報を適切に提供するものとする」とあり、個人情報保護法には、法令に基づく場合は本人の同意を要しないで第三者に情報提供できる旨の規定がある。しかし、個人情報保護の厳守は重要である。地方公共団体の個人情報を扱う部署との連携を図って対応する必要がある。

(4) ガイドラインで示された「いたずらに個人情報保護を盾に情報提供及び説明を怠るようなことがあってはならない」を根拠に、様々な個人情報の提出を求める例が多い➡この文言は「各地方公共団体の個人情報保護条例等に従って」に続くものである。各地方公共団体等の文書管理等担当者と十分連絡を取り合うことが大切である。

(5) 「再調査」の決定のプロセスが不明確で、原調査の調査結果と大きく違う例が多々見られる➡ガイドラインには4要件が示されているが、その判断基準は曖昧である。原調査と再調査の結果に大差が生じることが多いことも、重大事態調査の在り方そのものに疑念を抱かれる要因となっている。これまでの事案を精査した上で、再調査の判断基準や調査方法等について法に明確に位置付ける必要がある。

(6) 「再調査」決定の基準に「十分な調査が尽くされない」があるが、どのように判断されるのか➡被害児童生徒の保護者が、口頭で訴えたり、「所見」に記述するなどして地方公共団体の長等に直接伝えることが多い。いじめ被害損害賠償訴訟判決（2019年12月佐賀地裁）に、「原告らにとって満足あるいは納得のできないものであったとか、原告らの認識と異なるものであったとしても、そのことをもって、調査が不十分であったということにはならない」との一文がある。一方に偏った判断がされることがあってはならない。

(7) 「再調査」ではなく、調査報告書の訂正を指示された➡報告書に不備があった場合は「再調査」を原則とする。法第30条第4項では、教育委員会に委ねられた権限を地方公共団体の長に与えるものではないとされている。

5 連携・協働

■ チェックリスト

5−1　保護者との信頼関係

＊「いじめを行った児童（生徒）の母親に来校を求めた」と想定し、次のような対応をしている場合はチェックを入れてください。

	チェック項目	✓
①	保護者の意思を確認することなく来校を指示し、時間・場所の都合を尋ねることなく一方的に指定する。	
②	約束の時間に、教職員が誰一人玄関で保護者を出迎えない。	
③	教員は座席に着いたままで、保護者の席を指差し、「どうぞお座りください」と着席を促す。	
④	「対峙しない・取り囲まない」等の座席配置を配慮することなく、複数の教員が横一線に並び、対面の位置を保護者席とする。	
⑤	女性である母親の来校が分かっていながら、同席者の中に、同性（女性）の教員が一人も含まれない。	
⑥	代表者が名刺を渡して来校への礼を述べることもなく、いじめ行為の事実関係を話し始める。	
⑦	一杯のお茶を差し出すこともしない。	
⑧	保護者の言い分にしっかり耳を傾けることもなく、発言を促す質問もしないで、一方的にいじめを行った児童（生徒）の非をあげつらう。	
⑨	「あなたのお子さんは」と、「ユー・メッセージ」で話すことが多く、「アイ・メッセージ」（「私」を主語にした話し方）を心がけようとしない。	
⑩	話合いが終了後、保護者の退室を着席したままで見送り、誰も玄関まで見送らない。	

5-2 保護者との連携・協働

＊保護者との連携・協働について、適切なものには○を、不適切なものには×をつけてください。

	チェック項目	○・×
①	わが子のいじめ被害を訴えた保護者に、そのような兆候は全く見られなかったので、「気にしすぎです」「いじめは確認されていません」と断言した。	
②	いじめ被害を訴える母親が学校のいじめ対応を6時間以上話り続けたため、校長が退去を命じたところ、校長に暴力を振るった。このため、同席していた教頭が110番通報した。	
③	加害児童の母親から、「被害児童の保護者から罵詈雑言を浴びせられ、一日30回以上の架電もあり、精神科に通院している」との訴えがあったが、保護者同士のいさかいに学校は介入しないことに決めた。	
④	いじめが原因で不登校が続いたことから、被害児童の両親は転居を決意し、被害児童は転校することになった。学校は、速やかにこの案件を重大事態と認定したが、保護者は「これ以上関わりたくない」と調査前の説明も拒んだため、学校は重大事態としての調査をしないことにした。	
⑤	重大事態の調査を始めるに当たっては、開始前に被害児童生徒・保護者に調査方法等について説明しなければならないが、何度依頼しても、説明を受けようとしない保護者に対して、書面による説明を行った。	
⑥	保護者から「マスコミや学校関係者に、子供の死が自殺であることを知られたくない。転校したことにできないか」との相談を受けた教頭は、「『突然死』にしたらどうか」と提案した。	
⑦	保護者が担任との会話を了解を得ずに録音し、都合のよいところをつなぎ合わせて動画サイトで公開した。秘密録音自体に違法性はないため、学校としては特に対応をとらなかった。	
⑧	保護者との信頼関係が崩れ、連絡もとれない状況では、学校や教育委員会ではなく、地方公共団体の長等による調査の実施もやむを得ない。	
⑨	遺書の提出を求めたが遺族が拒否したため、それ以上要求を続けることはしなかった。	
⑩	保護者の要望を受けた裁判官等が来校し、「校舎内や指導記録等の写真撮影を行う」と言うので拒否した。	

5-3　関係機関等との連携・協働

＊関係機関等との連携・協働について、適切なものには○を、不適切なものには×をつけてください。

	チェック項目	○・×
①	関係機関との連携の重要性が指摘されるが、それぞれ守秘義務のために必要な情報が入手できないので、連携の効果は期待できない。	
②	被害者側の支援者となったNPO法人が校長に面会を求め、学校のいじめ対応が遅いこと、及び担任の被害者対応の不適切性を挙げ、校長の謝罪と担任の指導改善研修受講を迫ったため、校長は了承した。	
③	SCには守秘義務があるため、学校が指導のために必要な情報であっても話せないし、相談の記録は開示請求があっても提出する義務はない。	
④	自校のいじめを警察に相談したり通報したりすることに、反対論も根強く残っているが、暴行や恐喝等は犯罪行為であるので、所轄警察署と連携して対処する必要がある。	
⑤	わが子のいじめ被害を訴えた父親が突然席を立ち、「法務局に訴える」と言い残して校長室を後にした。このような場合、法務局は事実関係の調査を行い、学校に対して必ず「人権侵犯」としての措置を行うことになる。	
⑥	母親の知人を名乗る男性が、「母親に代理人を依頼された」と連日のように学校を訪れ、その子供がいじめ被害に遭っていることに対し、無理難題を押し付けるので、「代理人とは認められない」と伝えた。	
⑦	保護者から「いじめによりPTSDが発症した」旨の話があったため、独立行政法人日本スポーツ振興センターの災害共済給付について説明した。	
⑧	被害生徒の母親が「疾病名PTSD」と書かれた診断書を提出した。校長は「学校の支援の在り方を検討する際に必要」と、母親の了承を得ることなく、診断書を作成した医師から詳細を聞き取るために教頭を病院に派遣した。	
⑨	マスコミの取材に真摯に対応できるよう、取材室（関係者控室を兼ねる）を設け、個人情報保護を前提に適時適切な情報提供に努めた。一方で、公正な取材についての配慮を依頼した。	
⑩	いじめを認知した場合、重大な案件でない限り、「いじめの解消」が確認できた後に設置者に報告書を提出している。	

5-4 設置者等との連携・協働

＊設置者等との連携・協働について、適切なものには○を、不適切なものには×をつけてください。

	チェック項目	○・×
①	いじめを受けた児童生徒は、心身の健全な成長や人格の完成に重大な影響を受けるので、学校だけでなく、全ての関係者が総がかりで「脱いじめ」に向けて取り組まなければならない。	
②	学校から「いじめ認知」の報告を受けた設置者は、必要に応じ「支援」「指示」「調査」を行うことが義務付けられているので、報告を受けた事案が重大事態と認知された場合は、設置者が行った調査をもって、重大事態の調査に代えることができる。	
③	いじめ防止等に関わる研修の実施は設置者（教育委員会等）が行うもので、学校が主体的に校内研修等を実施する義務はない。	
④	教育委員会が重大事態の調査主体となる場合、第三者委員会を急遽設置することが困難なときがあるため、あらかじめ附属機関として必要な組織を置くことが可能となっている。	
⑤	教育委員会が調査主体となる方が望ましいと考えられても、人的・財政的余裕がない場合は、学校主体の調査とすることはやむを得ない。	
⑥	国・地方公共団体には、いじめ防止等のための対策を推進するために必要な財政上の措置を講ずる努力義務が定められている（法第10条）ので、第三者委員会の設置に係る財政上の問題はない。	
⑦	重大事態の調査を教育委員会主体で行う場合、教育委員会も調査対象となるので、教育委員会事務局が第三者委員会事務局の役割を担うことは許されていない。	
⑧	いじめ問題の全てを学校だけで対応することは困難である。このため、教育委員会が中心となり、児童相談所、法務局、警察等で構成されるいじめ問題対策連絡協議会を組織し、連携を強化している。	
⑨	法の附則第2条に「施行3年後の見直し」が定められているが進捗していない。いじめを放置した教職員の懲戒の明確化を求める声とともに、教職員からも不満の声が聞かれる。	
⑩	「ガイドラインは法律ではないので、参考にする程度に考えればよい」との捉え方は誤っている。	

■ 解答と解説

5-1 保護者との信頼関係 解説

①	一方的な指示の背景には、「悪いこと（いじめ）をした子の親を呼びつける」という、"上から目線"の意識があるようです。「ともに問題解決に当たるパートナー」という意識がないと、以後の連携はうまくいきません。
②	「17時に応接室に来てほしい」と言われ、何人の保護者が応接室にたどり着けるでしょうか。保護者を出迎えることは大切です。かつて女子中学生の詠んだこんな俳句に出会ったことがあります。「夕野分　母は呼ばれて　校舎の隅」。
③	保護者が入室したら立ち上がり、保護者の着席を待って（同時に）教員が着座するのが「常識」です。教員の着座の順番（校長を先頭に教頭、主幹というように）を注視している保護者もいます。
④	6、7人の教員と対峙して、「被告席のようだった」と不快感をあらわにする保護者もいます。対等の関係性の中で話すオープンダイアローグ（開かれた会話）が推奨される中、座席配置への配慮が求められます。
⑤	「セクハラではないか」との抗議があった事例の報告もあります。保護者はもちろん児童生徒との面談でも留意しなければなりません。
⑥	来校の労をねぎらい、保護者の緊張感をやわらげることは重要です。また、一枚の名刺からリスペクト（尊敬）の心が伝わることがあります。
⑦	ほとんどの保護者は茶碗を手にすることはありません。しかし、「場を和ませる」効果はてきめんです。もちろん"小道具"のような扱いは厳禁です。「一息ついてともに考えましょう」というマインド（心）が大切です。
⑧	「いい子とは　思いませんと　つい涙」。わが子の問題を速射砲のように告げられた母親の述懐です。プラス面の指摘が少しでもあると、受け容れる心は大きく膨らむのですが。
⑨	保護者面談では、教員はついつい指示・命令が多くなりがちですが、気持ち（心理的事実）をしっかり受け止めることが最も重要です。生徒指導提要（改訂版）では、「支える」ことの重要性が強調され、「指導や援助」は「必要に応じて行う」とあります。
⑩	玄関まで見送る途中のやりとりが以後の展開を大きく変えることがあります。短い時間ですがフォローも可能です。別れ際の一言が保護者を勇気づけることもあります。

5-2 保護者との連携・協働 解答と解説

①	×	「気にしすぎ」「あなたにも悪いところがある」「もっと強くなりなさい」は、「三大禁句」といわれます。ガイドラインには「『いじめはなかった』などと断定的に説明してはならない」とあります。
②	○	犯罪行為を警察に通報することは当然のことです。暴行や傷害以外にも、不退去、器物損壊、威力業務妨害、脅迫・恐喝・強要、名誉毀損、侮辱等には毅然とした対応が必要です。
③	×	法第23条第5項には、「いじめを受けた児童等の保護者といじめを行った児童等の保護者との間で争いが起きることのないよう、いじめの事案に係る情報をこれらの保護者と共有するための措置その他の必要な措置を講ずるものとする」とあります。
④	×	保護者には丁寧に説明し、調査の意義を踏まえ実施します。例えば、法第23条第2項に基づく調査の再分析を第三者に依頼したり、その調査に被害(加害)児童生徒・保護者が納得していれば、第三者を含めた調査を行わない等、調査方法の工夫が求められます。
⑤	○	説明文書に質問事項を記入する用紙を添付して郵送する等の対応を行うことが大切です。学校は設置者に、市町村教育委員会や私立学校は都道府県教育委員会に相談の上実施するとよいでしょう。
⑥	×	保護者からの申出であっても、後に「隠蔽」と指弾された例が多々あります。「突然死」を挙げたことが大問題になった例もあります。
⑦	×	秘密録音そのものが違法性を問われることはなくとも、プライバシー侵害や名誉毀損等の問題があります。その非は保護者にきちんと伝えることが大切です。
⑧	○	基本方針には、法第28条調査と地方公共団体の長等の並行調査が想定されています。学校や学校の設置者による調査が進まない場合等に実施されますが、法的根拠に基づくものではありません。
⑨	○	「子供の自殺が起きたときの背景調査の指針(改訂版)」には、「遺書などを調査の対象資料にするには、遺族の了解が必要」とあります。
⑩	×	裁判で争うときの証拠をあらかじめ確保しておくことを「証拠保全」といい、必要な証拠やその理由を記載した申立書が受理されると執行されます。

5-3 関係機関等との連携・協働 解答と解説

①	×	いじめへの対処には、専門性をもつ関係機関との連携が非常に有効です。関係機関がもつリソース（資源）を熟知し、適時適切な連携・協働に努めることが求められます。
②	×	NPO法人の多くは問題解決を目指して真摯に取り組んでいますが、学校や教育委員会の非を責め、謝罪要求の実現に奔走するような団体も散見されます。この文章の誤りは「校長が指導改善研修を了承した」点です。指導改善研修の実施者は任命権者です。
③	×	SCの守秘義務は、学校全体での管理を基本とします。公立学校では相談室記録等は公文書であり、開示対象となります。
④	○	法第23条第6項には警察と（へ）の連携・通報義務が明記されています。文部科学省通知（2023年2月）にある「相談又は通報すべきいじめの事例」を参考に、時機を逸しない適切な措置が求められます。
⑤	×	法務局は人権侵害の疑いのある事案を調査し、人権侵犯の事実が認められる場合は、刑事訴訟法による「告発」や文書で改善を求める「勧告」等の措置をとります。人権侵犯が認められない場合は、「侵犯事実不明確」（確認できなかった）等の連絡がきます。
⑥	×	弁護士法第72条（非弁護士の法律事務の取扱い等の禁止）には「報酬を得てはならない」ことが定められていますが、代理人にはなれます。「代理人選任届」の提出を要求します。
⑦	○	ガイドラインには、「保護者に丁寧に説明を行った上で手続を進めること」との記述があります。
⑧	×	校長の意図は誤っていませんが、その意図を保護者に伝え、保護者の了承を得た上で医師に面談を依頼することが大切です。保護者を介して学校の意向を伝えられたら、より得策であると言えます。
⑨	○	設置者の助言を仰ぎ、取材窓口を一本化し真摯に対応します。クライシス・コミュニケーション（危機場面での情報発信）では、①ポリシー（対処方針）の明確化と、②プラン（対応計画）の提供を、③ポジションペーパー（説明文書）を用いて適正に行うようにします。
⑩	×	法第23条第2項にある「速やかに」は、「いじめの事実の有無の確認」と「設置者に報告」の両方にかかります。

5-4 設置者等との連携・協働　解答と解説

①	○	いじめ防止対策の基本理念を定めた法第3条第3項には、「国、地方公共団体、学校、地域住民、家庭その他の関係者の連携の下、いじめの問題を克服することを目指して行わなければならない」とあります。
②	×	学校が調査主体の場合、法第23条第2項に定められた調査の第三者による再分析、又は追調査を行うことで重大事態の調査とする場合もありますが、設置者主体の場合は第三者委員会設置が必要です。
③	×	法第18条第2項では、教職員に対する「いじめの防止等のための対策に関する」「研修の実施」と「資質の向上に必要な措置」が義務付けられており、主語は「学校の設置者及びその設置する学校」です。
④	○	法第14条第3項に明記されています。法制定時の附帯決議では、委員の条件として、「専門的知識及び経験」「第三者性」「公平性・中立性」の3要件が示されました。
⑤	×	財政上の理由から調査主体を決定するという考え方に誤りがあります。法第33条には「重大事態への対処に関する都道府県又は市町村の事務の適正な処理を図るため、必要な指導、助言又は援助を行うことができる」とあります。着実な実行が望まれます。
⑥	×	法第10条が定める財政上の措置には、第三者委員会の委員報償費等は想定されていません。重大事態の事案によっては委員会開催数も増え必要経費もかさみ、地方公共団体を悩ませています。
⑦	×	第三者によって組織される事務局が理想ですが、人材・予算・守秘義務等の課題があり、実際には難しいことです。学校との関係が深い指導課以外の職員がその任に当たる等の工夫が凝らされています。
⑧	×	いじめ問題対策連絡協議会は、法第14条に定められた任意設置主義の組織で、設置する主体は地方公共団体です。
⑨	○	法成立後10年以上が経ちましたが、改正への動きは鈍いままです。議員立法として成立したものですから、政府提出法案での改正は難しいという事情もあります。
⑩	○	ガイドラインは「法律」ではなく「指針」ですが、法の内容をより細かく示したものですから、遵守する必要があります。

「連携・協働」のナレッジマネジメント

 ## 1 保護者との信頼関係
⇒ 保護者との豊かな連携は「脱いじめ」への最短の道

（1）「脱いじめ」の鍵を握る学校・保護者の連携・協働

ある県教育委員会が実施した教員アンケートに「いじめへの対応で最も苦労していること」を問うものがありました。小学校（約7割）・中学校（約6割）・高校（約5割）・特別支援学校（約6割）ともに、とりわけ多かったのが「保護者対応」でした。学校関係者からは、「子供同士は笑顔で交流しているが、保護者同士の『対立』が延々と続いている」「いじめ問題は解決したが、保護者からの学校・教育委員会への責任追及は終わらない」などの声が聞かれます。

一方、保護者からは「学校（教育委員会）の不誠実な対応は決して許すことができない」「わが子に酷い仕打ちをしておきながら、加害者の親としての責任を果たそうとしない」等、学校・教育委員会や児童生徒（被害・加害にかかわらず）の保護者に対して厳しい追及が続くことがあります。

「子供の最善の利益の保障」を目指して、ともに手を取り合わなければならない者同士が、「大人の最悪の利害の相克」に陥っているケースが少なくありません。「脱いじめ」に向けた様々な施策・取組が実行される中、功を奏するための**最善の方法は、学校・保護者が力強い連携・協働を進めること**です。

（2）信頼関係構築の基礎となる「3R」

教師と保護者の信頼関係の構築は、リスペクト（Respect）・リレーション（Relation）・リソース（Resource）という「3R」の実践が大切です。

チェックリスト5-1「保護者との信頼関係」の結果はいかがだったでしょうか。

保護者に来校を求めた事例を基に作成したものですが、このような場合、「悪いこと（いじめを行った）をした子供の保護者を『呼びつける』」という意識があると、リスペクト（尊敬）の気持ちが雲散霧消してしまいます。**保護者へのリスペクトは、信頼関係構築の第一**

<u>歩</u>です。

　忌憚のない対話ができるリレーション（心の通う人間関係）と、互いの良い点を認め合うリソース（資源の活用）の前に、まずリスペクト（尊敬）です。

「保護者との信頼関係」のナレッジマネジメント〈例〉

◎一方的に時間を指定した来校要請➡保護者の都合を確認することは「常識」

◎保護者を孤立させるような座席配置➡円滑な対話は「和める」座席配置で決まるといわれる

◎教師の一方的な発言の連続➡「聴く」姿勢を基本に、必要に応じて「訊く」を織り交ぜる

◎出迎え・ねぎらい・対話環境の「3無」➡接客の基本姿勢に則った対応を行う

---

2 保護者との連携・協働 ⇒「保護者対応さしすせそ」の実践を

「保護者対応さしすせそ」

　学校と保護者の力強い連携・協働は、いじめ問題解決への最大の推進力となります。教職員・保護者が相手へのリスペクト（尊敬）の気持ちをもち、何でも話し合えるリレーション（人間関係）を構築することで、お互いの良い点を認めて問題の解消に役立てる（リソースの活用）ためには、「保護者対応さしすせそ」の実践が望まれます。

さ 「最悪を 想って進める 初期対応」

　子供の自死という最悪事態さえ考えている保護者に対して、「気にしすぎ」等の安易な返答は、感情を逆なでします。保護者の「怒り」が時を経て顕在化することもあります。子供の心身の安全の危機について「最悪」を想定することが大切です。

　危機管理では、「初期対応」と「組織対応」の重要性がしばしば強調されますが、保護者対応のそれも同じです。学校と保護者の関係が悪化してしまう最大の理由に「初期対応のまずさ」が挙げられることが多々あります。別々の「土俵」（立場や主張）に立っていたのでは「相撲」（協力）はとれません。**「子供のために」という共通目標は一致できるはず**です。

し 「心理的 事実受け止め まず共感」

　保護者の悲壮感、焦燥感、不安等が入り混じった気持ち（心理的事実）に耳を傾け、そ

の心情を保護者の立場に立って受け止めることは、リレーション（心の通う人間関係）づくりの基盤となるものです。客観的事実（いじめの態様や程度等）に疑義が生じても、**心理的事実の受容が先**です。

す「速やかに 遂行目指し 進む策」

「遂行」とは、確実な「いじめ解消」まで自らの責務をやり遂げることです。「○○に頼んだはず」「△△がやると思っていた」等の他者依存や、「何もしない『見守り』の姿勢」は厳禁です。保護者との役割分担を明確にして、「被害者保護」を最優先とした策を着実に実行することが大切です。

せ「誠意ある しぐさ言動 息遣い」

「誠意とは目に見える具体的行動」といわれます。具体的な対応策の提示や実行が重要です。保護者との間で軋轢（あつれき）が生じることが多いのは、「報告・連絡・相談」の不徹底です。よかれと思って速やかに対応したことが、保護者に不信感を抱かせてしまう最たる理由は、保護者への連絡・報告義務を怠ることです。

そ「組織とは 一人でしない やらせない」

法第22条は、いじめ防止等の措置を実効的に進めるために「複数の教職員」等から構成される組織の設置を、第23条第3項は、「複数の教職員」等によるいじめへの対処を、学校に義務付けています。「一人で何もかもできる人はいない」は、危機管理の箴言（しんげん）の一つです。いじめへの対応は組織で行うとともに、保護者との連携・協働も組織として推進することが大切です。

「保護者との連携・協働」のナレッジマネジメント〈例〉

◎いじめの訴えに「絶対にない」と反論➡しっかり耳を傾けることが信頼構築の第一歩

◎担任する子供の保護者との無交流➡直接会話する機会を増やす

◎保護者が聴取や資料提供を拒否➡その必要性を丁寧に説明し、理解・納得を得る

◎被害児童生徒保護者の加害児童生徒等への非違行為➡警察への相談を助言する

3　関係機関等との連携・協働　⇒ 専門性の生きるネットワークを構築する

いじめ対応をめぐっては、様々な関係機関との連携・協働が必要となる場合が少なくありません。学校としての組織的対応に加え、「速やかな連絡」「緊密な連携」「専門性を生

かした協働」による、ネットワークの構築が重要です。

（1）警察署

　「警察との適時適切な連携」の重要性は、これまで何度も文部科学省通知等で指摘されてきました。法第23条第6項や基本方針にも、「犯罪行為と判断される場合の警察との連携」の必要性が強調されています。十分な教育的指導が大前提ですが、被害児童生徒の生命・安全の確保を優先した対応が求められます。

（2）法務局

　法第19条には、インターネットを通じたいじめへの対応において、被害児童生徒・保護者は「必要に応じ、法務局又は地方法務局の協力を求めることができる」とあります。このような情報を保護者等に周知することが大切です。

　保護者が学校の対応に不満や不信感を抱いて法務局に相談した場合、法務局は人権侵害のある事案について調査を行います。人権侵犯が認められた場合には、刑事訴訟法の規定による「告発」等の様々な措置がとられますが、学校が真摯に対応しているケースでは「非該当」（人権侵犯の事実がないと認められる）の通知があります。

（3）弁護士

　いじめ問題の解消に弁護士の果たす役割が大きくなっています。重大事態の事案では、加害・被害の双方の保護者が弁護士を代理人に選任する例が多々見られます。

　学校は、法的な思考・判断・手続等への未熟さを感じるがゆえに、弁護士に苦手意識をもつことが多いようですが、被害児童生徒の生命・人権の保護や尊厳の保持という目標を共有している訳ですから、実効的な連携を進めることが重要です。

　なお、スクールロイヤーを導入している地方公共団体が増えています。法的対応で疑義が生じた場合には積極的に助言・指導を受ける必要があります。

（4）独立行政法人日本スポーツ振興センター

　いじめが原因の傷害・疾病等は、「学校管理下」等の要件を満たしていれば、災害共済給付（医療費・障害見舞金・死亡見舞金）の対象となります。ガイドラインには、「災害共済給付の申請は、保護者に丁寧に説明を行った上で手続を進めること」と明示されています。

> **「関係機関等との連携・協働」のナレッジマネジメント〈例〉**
>
> ◎法務局の調査➡積極的に調査に応じ、措置決定後は真摯に対応する
>
> ◎犯罪行為と取り扱うべき保護者の行為➡所轄警察署へ通報・相談する
>
> ◎診断書の提出➡保護者の了解を得た（又は同席の）上で、担当医師から直接助言・指導を受けるよう努める
>
> ◎知人を名乗る「代理人」➡「代理人選任届」の提出を求め、遵守事項を確認する
>
> ◎重大事態報告書の作成➡災害共済給付決定を左右することもあるとの自覚をもつ

 ## 設置者等との連携・協働
⇒ 法・基本方針に従った措置を進める

（1）国

　学校が国（文部科学省）と連携・協働を直接図る機会はまれですが、法・基本方針・ガイドライン等に通暁し、いじめ防止のための取組を遺漏なく進めることは非常に重要です。

　国は「いじめ防止等のための対策を総合的に策定し、及び実施する責務を有」しています（法第5条）。文部科学省から発出される通知等を全教職員が理解できるよう、要点をまとめたリーフレットを作成するなどの工夫が求められます。

（2）地方公共団体

　学校の設置者は公立学校では地方公共団体、私立学校では学校法人です（他に国立大学法人等があります）。法では、第6条で「地方公共団体の責務」を、第7条で「学校の設置者の責務」を定め、他の条文では「学校の設置者及びその設置する学校」との表記が多用されています。このため、法では公立学校の場合、「学校の設置者」を「実際に管理を任されている教育委員会」と解していることが分かります。

　地方公共団体に係っては、「地方いじめ防止基本方針」策定の努力義務（法第12条）や、「いじめ問題対策連絡協議会」の任意設置（法第14条）が定められています。公立学校では、重大事態の発生・調査結果報告を地方公共団体の長に報告することが重要です。

　法第30条第2項に基づき、地方公共団体の長が重大事態の調査に係って再調査を行うことがありますが、地方公共団体の長が教育委員会に、報告書の内容等について直接問い合わせたりすることは、同条第4項の規定に疑義が生じる可能性があるので、教育委員会との報告・連絡・相談を密にする必要があります。

　なお、法第10条にある「いじめの防止等のための対策を推進するために必要な財政上の措置」は、重大な関心を集めています。重大事態の調査には多額の費用が必要とされますし、いじめ防止のための様々なＩＴ機器等の導入の予算措置にも期待がかけられているためです。

（3）教育委員会

　法には、「学校の設置者及び（又は）その設置する学校」が主語となる条文が多く、教育委員会等と学校が一体となって、又は連携・協働して取り組むべき措置の重要性が示されています。

　法第15条は両者を「及び」で結び、未然防止のための教育の充実・関係機関との連携を、第16条では早期発見の措置を、第19条ではインターネットを通じて行われるいじめに対する対策の推進を定めています。また、第23条で「学校の設置者への報告」を、第24条では「設置者の学校支援等」を、第28条では「学校が重大事態調査の調査主体となった場合の設置者による指導・支援」を義務付けています。学校と教育委員会の適時適切な連携・協働に大きな期待がかけられているのです。

「設置者等との連携・協働」のナレッジマネジメント〈例〉

◎重大事態発生（認知）報告の未提出➡設置者は学校に法第23条の遵守の徹底と書式の提示を行う必要がある

◎教員の資質向上➡国・地方公共団体・教育委員会等・学校に課せられた法的義務である（法第18条）

◎設置者の消極的な学校支援➡「いじめに対する措置」を行う主体は「学校」で、設置者の支援等は「必要に応じ」て行う

◎教員の懲戒処分要求の増加➡「組織対応・記録保存・連携強化」に努める

◎多額な費用を要する重大事態調査➡法第10条に予算措置を明記する必要がある

おわりに

　筆者らは、いじめ防止対策推進法が施行された2013年から現在（執筆時）までに、自治体の条例に基づいて設置される、いじめ問題に関する委員会の委員や、重大事態に係る調査委員会の委員として、50件超の重大事態調査に関与してきました。しかし、筆者らは同じ委員会での活動の機会がなかったことから、本書の執筆は、いじめ問題共同研究のよき機会になりました。

　これまでに筆者（中村）は、開善塾教育相談研究所が開催する研修会の講義において、嶋﨑氏からナレッジマネジメント（knowledge management）を視点とした、いじめ対応を学んでいました。そこでは、いじめの積極的認知が学校の教職員に周知されているにもかかわらず、いじめが重大事態化してしまう対応の問題点について、具体的なポイントが挙げられていました。また、本講義における重大事態の事例研究では、受講者は法令等に基づいたいじめ対応に必要な知識理解を深めていました。そのような受講者の立場で参加していた講義後に、嶋﨑氏と重大事態に係る調査報告書の活用や、重大事態調査の課題等について意見交換をすると、重大事態に特化した教員等研修の改善並びに研修用資料を開発することが必要であるという思いが一致していました。

　他方、この10年の間にインターネット上には、多くの重大事態に係る調査報告書（概要版・公表版等も含む）が公表されてきました。その数は、筆者らが収集した報告書に限定しても、150本を超えています。収集した報告書の内容を精査していくと、いじめが重大事態化していく過程、背景要因、再発防止に資する知見を見出すことができます。筆者らは、それらを調査対象として、参与観察的な立場で重大事態調査を省察したり、調査報告書の内容を分析・考察したりすることを通して得た知見を、書籍の刊行や、論文・記事等にまとめて発表をしてきました。

　このように筆者らは、いじめ防止対策推進法施行以降のいじめ問題について、社会活動としてのいじめ問題対応の実務や、社会問題としてのいじめ研究に取り組んできました。そのような折、本書の企画段階から刊行に至るまで、筆者らが協働的に取り組むことで、いじめの重大事態に焦点化した格好の研修用コンテンツを開発できたと考えています。

　本書第1部では、公表された重大事態に係る調査報告書をテクストとし、報告書内容の特質を損ねない範囲において加工して事例化しました。事例研究では、〈事例で学ぶ〉ことにより、類似する事案の再発防止に資する知識技能を育成することが期待されます。そのような思いから本書は、事例を通して、いじめを重大事態化させないための知見を、学校教育に携わる教職員一人ひとりが共有することを目指して編まれました。

また、第２部では、法令等に基づいたいじめ対応に不可欠な知識について、チェックリストとして整理しました。ナレッジマネジメントの視点から、本書を手にされた学校の教職員間における共通理解が深まり、共通行動が図れる組織的対応の実践力向上を期待しています。

　一方、近年の重大事態では、対象学年の低年齢化が目立ちます。また、重大事態調査において必須となる質問票を用いた調査や、関係者への聴き取り等が一切できないという状況下で報告書が作成されたり、重大事態調査の主体について折り合いがつかなくなったりするなど、重大事態調査自体にも課題が見られます。それらのことは、いじめ防止対策推進法が成立した当時には（おそらく）想定していなかったのであろうと考えています。新たな課題については、こども家庭庁を含めた国のいじめ対策にも期待したいと思います。

　最後にあらためて強調したいと思いますが、学校のナレッジマネジメントが向上することで、教職員の知識・判断力等は高まります。本書が、いじめを重大事態化させないための一助になれば、それは筆者らにとって望外の喜びです。

　末尾となりますが、本書の執筆にあたり、丁寧に対応いただいた第一法規株式会社の宮野未知氏・田村雅子氏に心より感謝いたします。

2024年１月　　嶋﨑　政男

中村　豊

著者紹介

嶋﨑　政男（しまざき・まさお）

　東京都立大学人文学部心理学科卒業。東京都中学校教諭・教頭・校長、東京都教育委員会指導主事・指導室長等を経て、神田外語大学教授。2017年より同大学客員教授。日本学校教育相談学会名誉会長、日本スクールカウンセリング推進協議会顧問、千葉県青少年問題協議会委員・同いじめ対策調査会会長等を務める。

　著書に『「脱いじめ」への処方箋』（ぎょうせい）、『学校管理職・教育委員会のためのいじめを重大化させないQ&A100』（エイデル研究所）、『生徒指導の危機管理』・『入門　学校教育相談』・『図説・例解生徒指導史』（学事出版）、『"困った親"への対応』（ほんの森出版）、『学校崩壊と理不尽クレーム』（集英社）、『ほめる・しかる55の原則』（教育開発研究所）等がある。

中村　豊（なかむら・ゆたか）

　公立小中学校教員を経て関西学院大学文学部准教授、同大学教育学部・教育学研究科教授、2017年より東京理科大学教育支援機構・教職教育センター教授。日本生徒指導学会全国理事、自治体設置のいじめ問題対策委員会等の委員を務める。

　著書に『子どもの基礎的人間力養成のための積極的生徒指導─児童生徒における「社会性の育ちそびれ」の考察』（単著）・『子どもの社会性を育む積極的生徒指導』（単著）・『『生徒指導提要』の現在（いま）を確認する理解する』（編著）（学事出版）、『新しい教職教育講座　教職教育編9　特別活動』（編著）・『生徒指導提要改訂の解説とポイント：積極的な生徒指導を目指して』（編著）（ミネルヴァ書房）等がある。

サービス・インフォメーション

―――――通話無料―――――

①商品に関するご照会・お申込みのご依頼
　　　　　　　TEL 0120(203)694／FAX 0120(302)640
②ご住所・ご名義等各種変更のご連絡
　　　　　　　TEL 0120(203)696／FAX 0120(202)974
③請求・お支払いに関するご照会・ご要望
　　　　　　　TEL 0120(203)695／FAX 0120(202)973

●フリーダイヤル(TEL)の受付時間は、土・日・祝日を除く
　9:00～17:30です。
●FAXは24時間受け付けておりますので、あわせてご利用ください。

重大事態化をどう防ぐ？
事例とチェックリストでつかむ
学校のいじめ対応の重要ポイント

2024年3月15日　初版発行

著　者　　嶋﨑　政男・中村　豊
発行者　　田　中　英　弥
発行所　　第一法規株式会社
　　　　　〒107-8560　東京都港区南青山2-11-17
　　　　　ホームページ　https://www.daiichihoki.co.jp/

いじめ重大事態　ISBN 978-4-474-09445-1　C2037（8）